eビジネス新書

No.460

週刊東洋経済

特殊詐欺

催眠商法

狙われる高齢者

投資

週刊東洋経済 e ビジネス新書　No.460

狙われる高齢者

本書は、東洋経済新報社刊『週刊東洋経済』2023年4月8日号より抜粋、加筆修正のうえ制作しています。情報は底本編集当時のものです。（標準読了時間　120分）

狙われる高齢者　目次

被害の全貌

特殊詐欺最前線　喰い尽くされる親のカネ

「何を言ってんだい。私がオレオレ詐欺なんかにだまされるわけないでしょう」

愛知県で一人暮らしをする田中芳枝さん（仮名：88歳）は、1年前に息子へ言い放った自身の言葉を、苦々しく思い出している。

近所で暮らす息子が「お母さん、自分はだまされないと思っている人ほどだまされるんだからね」と指摘したのに対し言い返したのだ。

自信はあった。詐欺を見抜いた経験があったからだ。電話口で「俺だよ」と口にした男に、「毅志なの？」と聞くと「毅志だよ」。そこで「毅志の声じゃない。あなたは誰？」と突いた。「風邪をひいていて」と慌てた男を、田中さんは「風邪をひいたら病院に行きなさい」と一喝し、電話を切った。

この体験が慢心につながっていたのかもしれないと、今は思う。

自宅の電話が鳴ったのは2022年の、残暑が続く9月初旬、日が傾き始めた午後4時ごろのことだった。

「名大病院の耳鼻咽喉科の青木と申します。息子さんが喉から血を出して運ばれてきました。お母様に確認したいことがあって。親族に同じ経験をされた方はおられますか。遺伝的なものか、突発的なものなのか確認したいのです」

ひどく驚いた田中さんは、ひと呼吸置き、親族の病歴を頭に浮かべた。が、思い当たらなかった。

【田中】「親族にはいないと思います」
【青木】「そうですか。じゃあがん系統ではないなあ。わかりました」
【田中】「息子は今どういう状態なんですか。すぐ名大に行きます」
【青木】「意識はあるから大丈夫ですよ。ただ、声はしゃがれています。(電話)代わります？」

【田中】「はい、代わってください」

【息子】「お母さん、心配かけてごめんね。何とか声は出るけど痛いんだ。終わったら、そっち寄るから」

電話は切れたが、気は動転していた。5分後、再び電話が鳴る。

【息子】「お母さん、まずいことになった。病院では携帯が使えないから公衆電話で仕事の電話をしていたんだけど、財布と書類を棚の上に置いてきちゃったんだ。急いで戻ったんだけど、なくなっていた。今、病院の警備室に説明してきたところ。緊急事態だからお母さんも電話のそばにいてくれる？」

田中さんはさらに動揺する。しばらくすると、また電話が鳴った。

【警備員】「名大病院の警備室です。落とし物の届け出があったので捜してみたのですが、財布も書類も見つかりませんでした」

5分後、再び電話が鳴る。

【息子】「警備の人に捜してもらったんだけど見つからなかったみたい。実は書類の中に会社のカードが入っていて、今日中に取引先に支払わなければならない案件があるんだ。ちょっと上司に代わるね」
【上司】「あ、お母さんですか。支払いの件は、私が今親戚中に頼んでお金をかき集めていますから、心配しなくても大丈夫ですよ」
【息子】「書類をなくしたのは僕なのに、上司がお金を集めてくれているんだ。お母さん、うちが一銭も出さないわけにはいかないから、ちょっとだけでも出せないかな」
【田中】「いくらあったらいい?」
【息子】「いくらなら出せそう?」
【田中】「この時間だと銀行はもう閉まっているけど、ATMなら1日50万円までなら引き出せるから。今から行っておろしてくるよ」
【息子】「ありがとう。そしたら、これから上司と一緒に帰るから」

救急車のサイレン鳴る

田中さんはタクシーを呼び、ショッピングモールに向かった。ATMコーナーに並ぶ三菱UFJ銀行、名古屋銀行、ゆうちょ銀行から50万円ずつ、計150万円を引き出し、自宅に戻った。

そこへまた電話が鳴る。

【上司】「息子さん、また血を吐いたので、救急車を呼んだところです」

電話口では救急車のサイレンが鳴り響いていた。田中さんは頭が真っ白になる。

【上司】「息子さんと一緒に病院に戻ります。そちらには私の息子を行かせますから、お近くのコンビニで合流してください」

田中さんは150万円が入った封筒を手にコンビニへ向かった。若い男が「田中さんですか?」と声をかけてきた。「父から、お金を預かってくるように言われて参りました」。田中さんは封筒を渡した。男は頭を下げ、去っていった。

そのとき近くを黒っぽい車がゆっくり走行しているのが田中さんの視界に入る。妙な胸騒ぎがした。

自宅に戻った田中さんは、すぐ名大病院に電話をかけた。「そちらに青木さんという医師、おられますか?」と尋ねると、「おりません」と返ってきた。

日は、とっぷり暮れていた。

高齢者を喰う若年層

当時を振り返りながら、田中さんはため息をつく。「息子が血を吐いたなんて聞いたら母親は動揺する。そんな親心に付け込むようなこと、誰がやっているんでしょう」。

田中さんが被害に遭ったのは「オレオレ詐欺」。特殊詐欺の代表格だ。警察庁の定義によると、特殊詐欺とは「被害者に電話をかけるなどして対面することなく信頼させ、指定した預貯金口座への振り込みその他の方法により、不特定多数の者から現金等をだまし取る犯罪(現金等を脅し取る恐喝も含む)の総称」である。

もちろんこの定義は一般論で、実際は実行犯たちの手練手管でいかようにも変わる。自分はだまされないと自信があった田中さんがだまされたのも、想像を超えるシチュエーションだったからだ。

警察が特殊詐欺の摘発に本腰を入れ始めたのは２００４年以降のこと。被害額は年々増え、２０１４年には過去最悪の５６５億円に達した。その後、警察の啓発活動や防犯意識の高まりにより減少傾向となるも、コロナ禍の２０２２年には再び増加に転じている。

被害者の内訳を見ると、大半が６５歳以上の高齢者で、中でも目立つのが女性の被害だ。

コロナ禍を経て再び増加傾向に

特殊詐欺の被害金額

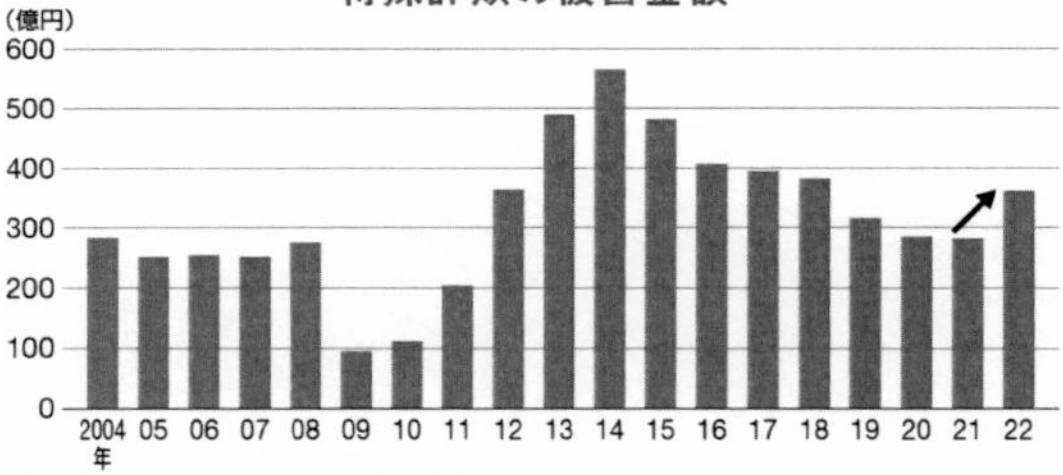

(出所)警察庁「特殊詐欺の認知・検挙状況等について」を基に東洋経済作成

被害に遭いやすいのは高齢の女性

主な特殊詐欺の手口と被害者の高齢者割合

	手口	65歳以上の割合（%）	男性（%）	女性（%）
オレオレ詐欺	親族等を名乗り「かばんを置き忘れた。お金が必要」などと言い現金をだまし取る	98.1	21.3	78.7
預貯金詐欺	警察官を名乗り「あなたの口座が犯罪に利用されている。キャッシュカードの交換手続きが必要」と言ったり、役所職員を名乗り「医療費の過払い金がある。こちらで手続きするのでカードを取りに行く」などと言ったりして暗証番号を聞き出し、キャッシュカード等をだまし取る	100	6.5	93.5
架空料金請求詐欺	有料サイトの料金や消費料金等について「未払いがある。今日中に払わなければ裁判になる」などとメールやはがきで知らせ、金銭等をだまし取る	63.1	66.3	33.7
還付金詐欺	医療費や保険料等について「還付金がある。手続きが必要」などと言い、近くのATMに誘導、操作させ、犯人の口座に送金させる	82.9	39.9	60.1
金融商品詐欺	価値がまったくない未公開株や高価な物品等についてうその情報を教え、購入すれば儲かると信じ込ませ、その購入代金として金銭等をだまし取る	40.0	25.0	75.0
キャッシュカード詐欺盗	役所の職員等を名乗り「医療費などの過払い金がある。こちらで手続きをするのでカードを取りに行く」などと言って、暗証番号を聞き出し、キャッシュカード等をだまし取る	99.5	10.3	89.7

（注）65歳以上の割合や男女比は2023年1月時点の内訳

では、加害者は誰か。法務省の犯罪白書によると、特殊詐欺で検挙された人間の7割が10代と20代で占められている。

なぜ高齢者を狙うのか。取材で接触した特殊詐欺グループの統括役は、「経済が成長していた時代に金を貯め込み、かつ、今は1人で孤独な毎日を過ごす高齢者ほど狙いやすい」と、はっきり語る。

2021年末、日本の家計金融資産は初めて2000兆円を超えた。現預金が最も多く1000兆円超。保有者を世代別に見ると、60代以上が6割を占める。

総務省統計局の家計調査報告によると、純貯蓄額（貯蓄現在高から負債現在高を差し引いた額）は60代が最も多く、次に多いのが70代だ。一方で負債を多く抱えているのが40歳未満である。主なものは住宅ローンだが、奨学金なども含まれる。

検挙者の7割は30歳未満

特殊詐欺の検挙人員の年齢層

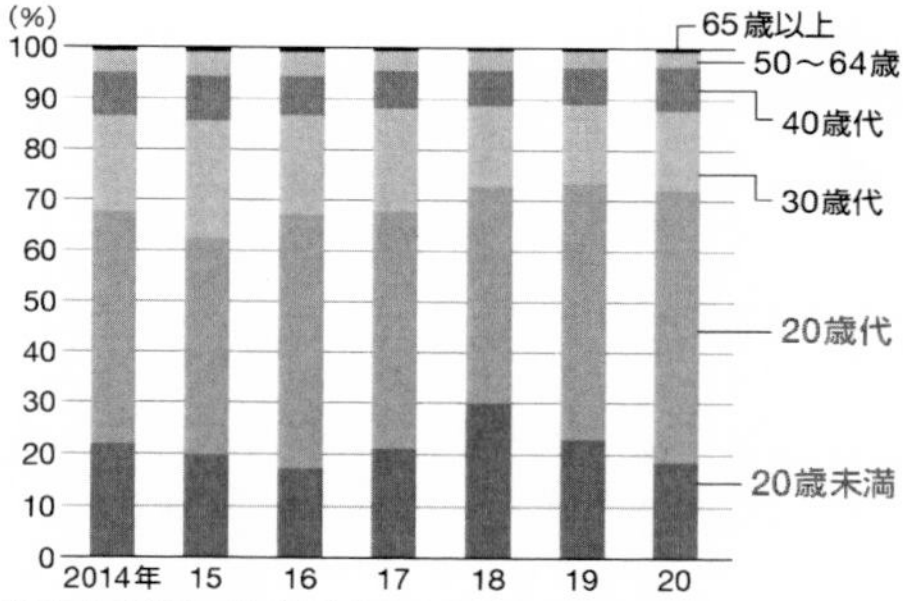

(注)年齢は犯行時 (出所)法務省の犯罪白書を基に東洋経済作成

貯蓄残高は60代、70代が多い

世帯主の年齢階級別貯蓄・負債現在高(平均)、負債保有世帯の割合

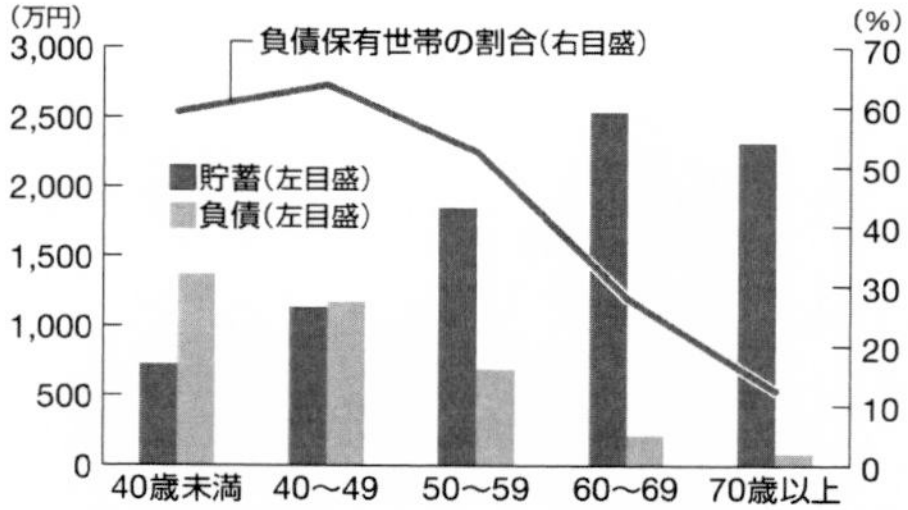

(出所)総務省統計局「家計調査報告」(貯蓄・負債編)2021年(二人以上の世帯)

特殊詐欺の実態に詳しい、社団法人日本防犯学校学長の梅本正行氏は「特殊詐欺に関わってしまった若者は、大きな借金を抱えているケースが多い」と指摘する。

「2000年以降、格差が進んだ社会の中で、大学に通うために多額の奨学金を借りなければならない家庭が増えた。また、クレジットカードが普及したことで、若者でも大きな借金ができる社会ができ上がった。会社に入ってまじめに働いても低賃金が続き、リストラも簡単にされる。そんな憂き目に遭っている若者たちが『日給5万円』の闇バイト募集を見つけ、飛びついてしまっている」

特殊詐欺グループのあり方も変遷した。当初は、バックに組織のついていない独立系グループが多かったが、近年は暴力団や半グレ（準暴力団）が介在し、ケツ持ち（用心棒）という形で詐欺の収益を吸い上げるケースが目立つ。

独立系グループを乗っ取ってきた現役暴力団組員は「バックがいない組織を次々に喰った」と語る。

その手口はまず、手下を闇バイトに応募させる。「金が取れました」とうその報告をさせ、迎えに来た人間を捕獲するのだという。

「そいつに誰がトップか吐かせ、わかったらトップを脅す。『警察に行くか？　それとも俺の言うことを聞くか？』と詰め、ハコ（グループ）ごと乗っ取る」

広域強盗事件を指示したとされる「ルフィ」疑惑の4容疑者についても、警察は彼らの上に暴力団が存在するとみて捜査を進めている。しかし、暴力団が積極的に特殊詐欺に関与しているかといえば、必ずしもそうとは限らない。

先の梅本氏は「暴力団は本音では特殊詐欺に手を出したくない」と語る。「末端が詐欺で捕まれば使用者責任で組トップまで逮捕される。『ルフィ』の事件以後、暴力団の中には改めて『特殊詐欺に関わるな』との通達を出したところもあるようだ。それでも関わる組員が絶えないのは、ほかに稼げる手段がないからだ」と指摘する。

暴力団の経済活動を封じる暴力団対策法によって、暴力団構成員の数は1990年代の9万人から、2万人前後にまで減った。

それと反比例するように増えたのが半グレや特殊詐欺グループだったが、今その特殊詐欺グループが、暴力団組員たちの新たな収益源になりつつある。

詐取した得た金の上納の仕方も巧妙だ。ある現役組員は「闇カジノでロンダリングしながら上納する。こうすると『詐欺で得た金』かどうかわからなくなる」と語る。

高齢者の資産に若年層が喰らいつき、そのうまみを、困窮した暴力団組員が吸い上げてゆく。特殊詐欺の現在地だ。

（野中大樹）

高齢者を襲う身近な悪徳商法

住宅の床下に潜りながら、男はまくし立てた。

「もうジュクジュクでございま〜す。湿り気たっぷり。カビだらけ！　こんなんほったらかしたら、ほんまに体も悪くなります」

床下点検に来たリフォーム業者の男だ。この点検をきっかけに、大阪府在住の吉永慶子さん（仮名：73歳）は約300万円の工事を契約させられた。経緯はこうだ。

吉永さんの家に電話があったのは、2019年1月のこと。「床下の点検に来たいという電話でした。数年前にしてもらったシロアリ予防工事の点検だと思い、そう尋ねると相手は否定しませんでした」と吉永さんは言う。

訪れた業者は以前の工事業者とは無関係だった。床下に潜り、中の映像をテレビに映しながら「放置すれば病気になる」と不安をあおった。吉永さん宅は築52年の木造2階建て。軽度の障害がある40代の息子と2人暮らしだった。

「このまま放っておいて家が傾いたら困る。私がおらんようになっても、息子がこの家で暮らしていけるようにと思って」

業者が提示した工事費用は約90万円。一括で支払うつもりで契約書にサインした。

工事当日の朝、業者はトラック2台と軽自動車2台という大所帯で訪れた。その日現れた社長が床下に入ると、「大変や。このままだと家がガタガタになる」と言って、調湿剤の散布や床下換気扇の設置など追加工事を勧めた。

吉永さんは「お金がない」と断るも、社長は「来年はもっとお金がかかる。分割で払えばいい」と食い下がる。トラックには900キログラムもの調湿剤を含む大量の機材が積まれていた。7人ものスタッフに囲まれた吉永さんは工事を断り切れなかった。

「後から考えればおかしいと思うけど、そのときはあっという間に話が進み、娘に連絡する時間もありませんでした」と吉永さん。

業者が契約書を作り直したのは、工事が進み、日も沈んだ頃だ。吉永さんに以前作成した契約書を出させると、その場で破いて持ち帰った。作り直された契約書は調湿剤以外に外壁やベランダ、防水の工事まで含まれ、総費用は３２１万円に上った。

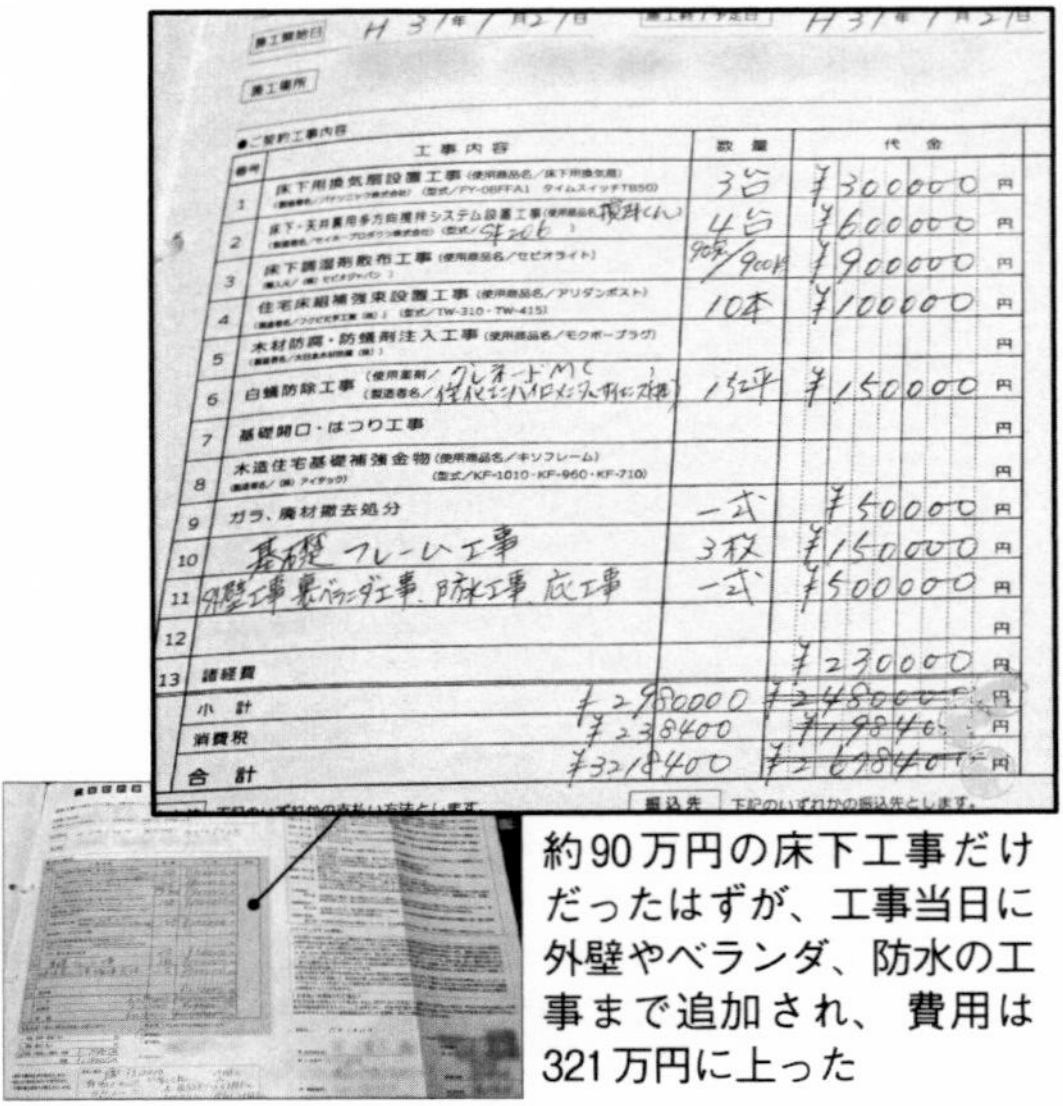

着工開始日 H31年1月21日　着工終了予定日 H31年1月21日

着工場所

●ご契約工事内容

番号	工事内容	数量	代金
1	床下用換気扇設置工事（使用商品名／床下用換気扇）（製造者名／パナソニック株式会社）（型式／FY-08FFA1 タイムスイッチTB50）	3台	¥300000 円
2	床下・天井裏用多方向攪拌システム設置工事（使用商品名／攪拌くん）（製造者名／サイター・プロダクツ株式会社）（型式／SR206）	4台	¥600000 円
3	床下調湿剤散布工事（使用商品名／セピオライト）（輸入元／(株)セピオジャパン）	90袋／900kg	¥900000 円
4	住宅床組補強束設置工事（使用商品名／アリダンポスト）（製造者名／フクビ化学工業(株)）（型式／TW-310・TW-415）	10本	¥100000 円
5	木材防腐・防蟻剤注入工事（使用商品名／モクボープラグ）（製造者名／大日本木材防腐(株)）		円
6	白蟻防除工事（使用薬剤／クレオードMC）（製造者名／住化エンバイロメンタルサイエンス(株)）	15坪	¥150000 円
7	基礎開口・はつり工事		円
8	木造住宅基礎補強金物（使用商品名／キソフレーム）（製造者名／(株)アイテック）（型式／KF-1010・KF-960・KF-710）		円
9	ガラ、廃材撤去処分	一式	¥50000 円
10	基礎 フレーム工事	3枚	¥150000 円
11	外壁工事 裏ベランダ工事、防水工事、底工事	一式	¥500000 円
12			円
13	諸経費		¥230000 円
	小計	¥2980000	~~¥2480000~~ 円
	消費税	¥238400	~~¥198400~~ 円
	合計	¥3218400	~~¥2678400~~ 円

振込先　下記のいずれかの振込先とします。

約90万円の床下工事だけだったはずが、工事当日に外壁やベランダ、防水の工事まで追加され、費用は321万円に上った

追加工事で設置された床下の攪拌装置や換気扇のスイッチ。現在は使用していない

工事から4日後、吉永さんは友人に相談し、クーリングオフを行おうとした。訪問販売は契約日から8日以内であればクーリングオフができるからだ。ところが、業者が工事当日に作り直した契約書の日付は、最初に点検を行った日付(14日前)になっていた。それを理由に業者はクーリングオフに応じなかった。

吉永さんは不法な勧誘で契約を余儀なくされたとして、業者に損害賠償を求める訴訟を起こした。大阪地方裁判所は22年9月、客観性に欠ける点検や工事内容の拡大を不法行為と認め、吉村さんはすでに支払った90万円も取り戻した。

吉永さんの代理人を務めた川本真聖弁護士は、「契約書に署名押印があれば自己責任だと考える裁判官もいる。証拠が手薄なことや裁判の負担から泣き寝入りしてしまう高齢者は多く、個別の被害回復には限界がある」と言う。

国民生活センターが注意喚起をする高齢者に多いトラブル10選(後述)の中でも、トップに挙げられているのが住宅修理だ。

一軒家では屋根や床下、マンションでは給湯器、つまり住民には見えにくい部分が狙われやすい。

東京都は23年1月、給湯器の点検を持ちかけ工事を契約させたリフォーム業者に、業務停止命令を下した。相談件数は73件で、最高契約額は1450万円だった。処分された業者はマンションの定期点検だと思わせ、「給湯器が水漏れしている」とうそを伝えていた。

東京都消費生活部の西尾由美子担当課長によると、被害者宅は築20～30年のマンションが多く、高齢者単身世帯か、昼間は高齢者しかいない世帯だった。

「電話で訪問アポイントを取り付けていることから何らかの名簿があるとみている」(西尾課長)

高齢者に多い消費トラブル10選

①屋根や外壁、水回りの住宅修理
②保険金で住宅修理ができると勧誘する保険金の申請サポート
③インターネットや電話、電力・ガスの契約切り替え
④スマートフォンのトラブル

⑤健康食品や化粧品、医薬品などの定期購入
⑥パソコンのサポート詐欺
⑦架空請求、偽メール・偽ＳＭＳ
⑧在宅時の突然の訪問勧誘・電話勧誘
⑨不安をあおる、同情や好意に付け込む勧誘
⑩便利でも注意、インターネット通販

（出所）国民生活センター

元警官が架空請求被害に

詐欺被害者の心理に詳しい立正大学の西田公昭教授は、「後で客観的に考えればありえない状況なのに、その場にいる人の判断を重視してだまされることは、誰にでもある」と指摘する。

まさに「ありえない」と思える事件が起きた。

福岡県暴力追放運動推進センター（福岡市）は3月20日、業務に使うパソコンが一時乗っ取られるという被害に遭った。暴力団とのトラブルを抱えた相談者など、延べ3500人の個人情報が外部に漏れた可能性がある。

60代前半の職員がパソコンを操作していたところ、「ウインドウズセキュリティーサービス」を名乗る案内が表示された。「ウイルスに感染してしまった」と焦った職員は表示された番号に電話をかけ、パソコンを操作したところ、遠隔操作に切り替わった。電話口の男は2万円を請求したことから、架空請求詐欺未遂とみられる。

職員は、住民の相談を受ける県警OBだ。同センターの事務局長は「普段は不審なメールは開かず、本当に用心深い人だ」と話す。

パソコンのサポート詐欺や架空請求も高齢者がよく遭う被害だが、暴力団や詐欺の手口に詳しい元警察官ですら見抜けなかった。

インターネットに関連する高齢者の被害は増加している。顕著なのがネット通販の定期購入だ。

スマートフォンの画面に「初回無料」「サンプル」と大きく表示された商品を購入すると、2回目以降から高額になる定期購入品だったという手口だ。東京都消費生活総合センターの高村淳子課長は、「解約期間が短く設定され、解約するのも難しい」と指摘する。

ネット通販の被害相談では化粧品についてが最も多く、次いで健康食品が多い。同センターによると、魚介類の購入を強引に勧める電話勧誘も増えているという。

全国消費生活相談員協会に寄せられた相談では、一人暮らしの高齢女性に毎月カニが送られていた。納品書もなく、契約した経緯もわからなかったという。

こうした被害に遭いやすい一人暮らしの高齢者は増え続け、女性の単身世帯は2割を超えた。認知症など判断力が不十分な高齢者からの相談のうち、訪問販売と電話勧誘販売が約半数を占める。

消費者被害に詳しい釜井英法弁護士は、「被害の現状に合わせて特定商取引法を見直す必要がある」と指摘する。特商法では、訪問販売業者は「契約を締結しない旨の意思」の表示があった場合、再度勧誘してはならないことになっているが、意思表示の対象や内容が明確になっていない。

日本弁護士連合会は、電話勧誘を拒否する消費者を事前に登録する制度の導入や、訪問や電話勧誘販売を行う事業者を登録制にするといった改正を国に求めている。

前出のネット通販についての消費者相談は販売形態別で27%（21年）と最多だが、現行法ではクーリングオフの適用外だ。日弁連は、SNSなどネットを通じた勧誘にも適用すべきだとしている。

被害に気づかない高齢者

全国の消費生活相談件数は2004年度をピークにいったん減少するも、2008年以降は高水準で推移している。消費者庁の推計によると、消費者被害やトラブルで支払われた金額の総額は約5兆9000億円（21年）に上る。

この推計値には高齢者の「潜在被害」も上乗せされている。高齢者の被害は本人が被害と気づかず、相談しないことが多いからだ。

トレンドが変わる消費者被害 消費生活相談件数の推移

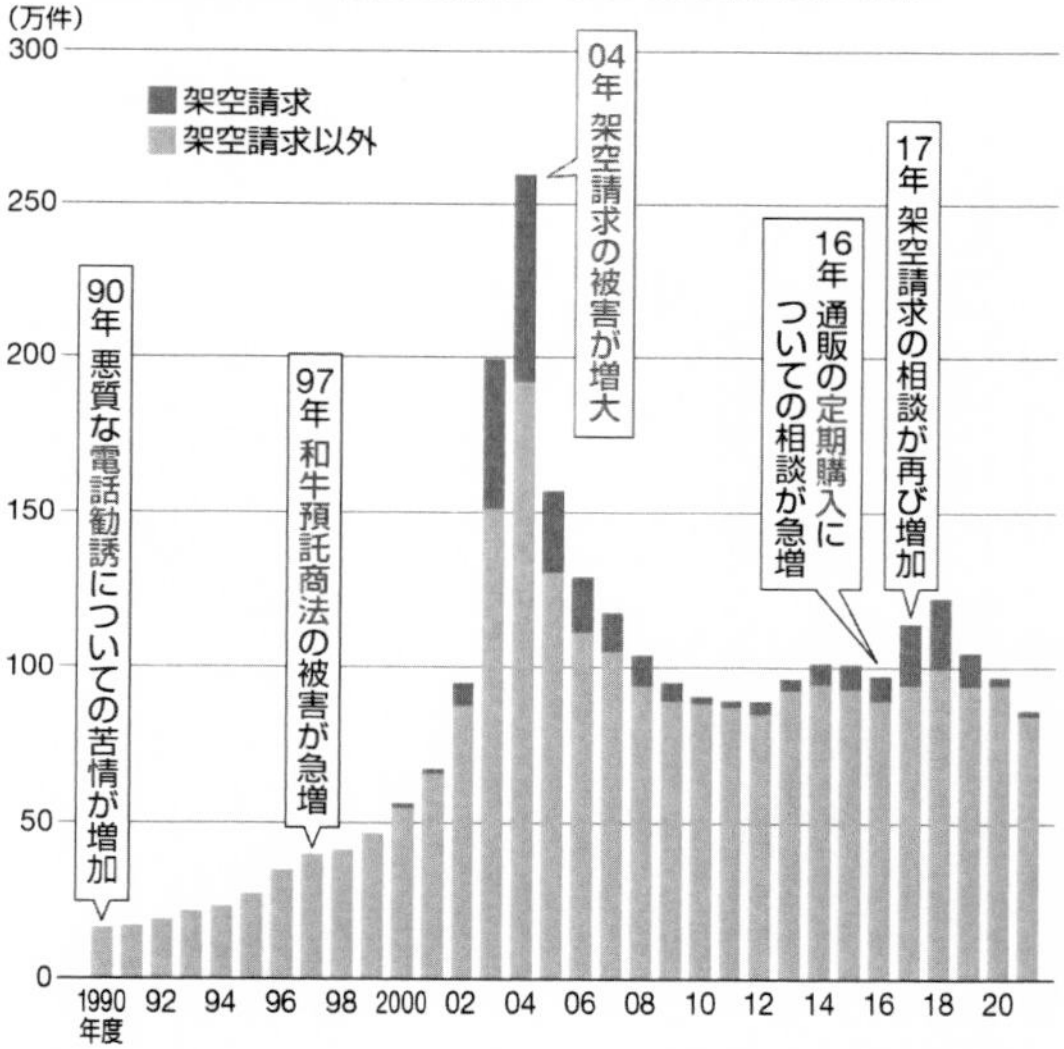

(出所)国民生活センター「消費生活年報 2022」、消費者庁の資料を基に東洋経済作成

実際、高齢者の場合、家族や周りの人が被害に気づくことが多い。

九州地方で一人暮らしをする男性（80代）は、訪問買い取り業者に、時計1本と貴金属6点を合計3万円という安値で買い取られた。妻の形見の指輪も含まれていたという。偶然、介護ヘルパーがその場を目撃したことから発覚した。

貴金属を不当に安く買い取る「押し買い」は、「何でも買い取る」と伝えて訪問、最終的に高価な貴金属を出させるという手口だ。

その男性の生活支援を担う家族代行サービス会社・LMNの遠藤英樹代表は、「ヘルパーが気づかなかったら、被害はわからないままだったはず」と言う。

押し買いというと乱暴なイメージがあるが、買い取り業に精通した業界関係者によると、訪問営業マンの特徴は「感じがよくて優しい、高齢者に寄り添ってくれるような人」だ。ゆえに「だまされた」とは感じにくい。

「悪徳商法や詐欺は相手の不安をたきつける。誰でも1つは当てはまる健康やお金、親子関係の不安、そして孤独だ」（西田教授）

高齢者を孤立させれば、不安や孤独に「寄り添う」悪徳業者の思うつぼだ。

（井艸恵美）

損をするまで買わされる

高齢者を狙い撃ちした「仕組み債」

「顧客の真のニーズに沿った販売が行われていない」。金融庁からそう指摘されている「仕組み債」。商品性が複雑かつ、元本を大きく毀損するリスクをはらむことから、トラブルに巻き込まれる高齢者が増えている。

証券・金融商品あっせん相談センターによれば、2022年10~12月に紛争解決手続きを終えた28件のうち、11件は仕組み債が原因だ。相談者は50~70代で、営業員からリスクの説明を十分に受けないまま購入し、想定外の損失を被った。大半は金融機関が損失の一部を補填する形で和解している。

では、仕組み債によるトラブルの実態とはどのようなものか。これから紹介するのは、実際に損失を被った投資家の実例だ。

複雑すぎる商品性

「ぴったりの商品があります」。発端は2011年。ある大手銀行営業員が話を持ちかけたのは、首都圏で歯科医院を営む当時50代の女性だ。満期を迎える定期預金の運用先として元本保証をうたった商品を提案し、女性は5000万円分を購入した。

女性に投資意欲があるとわかるや否や、怒涛の営業攻勢が始まった。営業員が提案したのは、日経平均株価の値動きによって償還条件や利率が変動する仕組み債だった。利率は年4～5％と一見魅力的だが、ここには2つのわなが潜む。

1つは、運用期間中に株価が当初設定した水準を上回ると、満期日を待たずに早期償還されること。償還されれば高い利率を享受できる期間が短くなってしまう。

もう1つは、株価が一度でも当初水準の6割程度（ノックイン判定水準）まで下落すると、満期日に下落幅を反映した金額で償還され、元本割れが生じることだ。ノックイン判定水準まで至らずとも、株価が8割程度まで下がると、年4～5％をうたっていた利率が自動的に0・3％程度まで下がる契約になっていた。

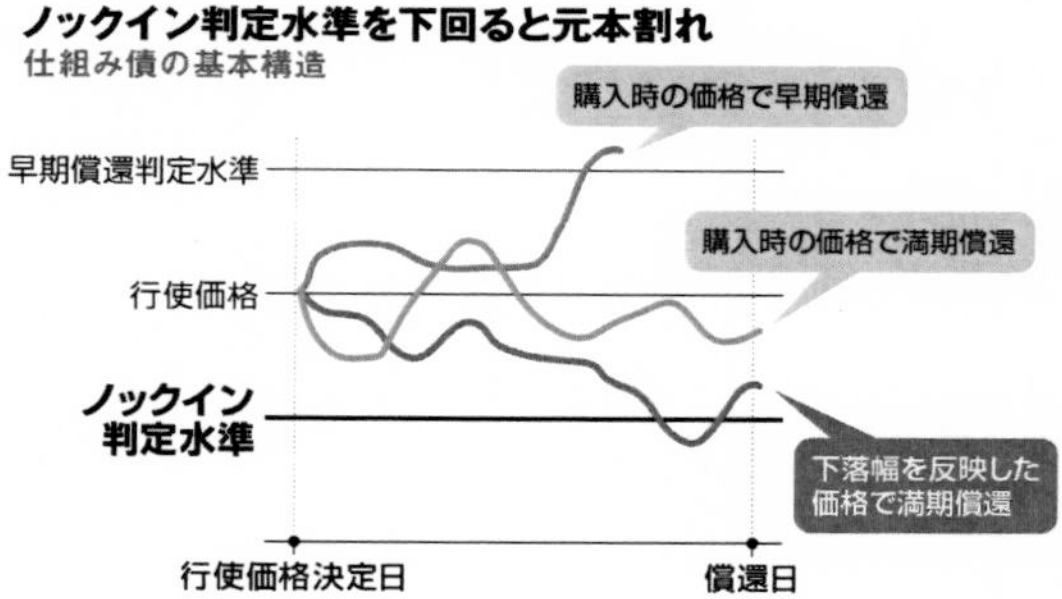
ノックイン判定水準を下回ると元本割れ
仕組み債の基本構造
購入時の価格で早期償還
早期償還判定水準
購入時の価格で満期償還
行使価格
ノックイン
判定水準
下落幅を反映した
価格で満期償還
行使価格決定日
償還日

換言すれば、株価がほぼ横ばいで推移しない限り、投資家にとっては不利な商品なのだ。訴状によれば、営業員は契約締結前の書面を早口で棒読みし、記載内容の大半は省略されたという。

ただ、仕組み債を一定額購入するとギフトカードが進呈されるという営業員の誘い文句もあってか、女性は勧誘されるがまま、仕組み債を購入した。

この仕組み債は程なくして早期償還された。すると戻ってきた資金の投資先として、営業員は別の仕組み債の購入を持ちかける。結局、女性は仕組み債の購入と早期償還とを繰り返し、3年半で投資した仕組み債は21個にも上った。

営業員が勧める仕組み債に変化が生じたのは2013年。1月に女性が購入したのは、日経平均株価と東証REIT（不動産投資信託）指数という2つの指数を参照する仕組み債だ。

商品性はより複雑だ。両方の指数が設定水準を上回ると早期償還され、どちらか片方がノックイン判定水準である6割弱にまで下落すると、満期日に元本割れで償還される。元本割れのリスクは、最初に購入した仕組み債よりも高まっていた。

参照指数も変遷した。当初はなじみ深い日経平均株価だったのが、2013年には欧米の株価指数が加わり、14年にはブラジルレアルと日本円の為替レートを参照するようになった。レアルは新興国通貨の中でもボラティリティーが大きく、為替レートが下落し元本割れとなるリスクはとくに高い。

後半に購入した仕組み債には、高い利率を享受しにくくする巧妙な「仕組み」が潜んでいた点も見逃せない。2014年以降に購入した仕組み債の一部には、運用期間を経るごとに早期償還判定水準が徐々に切り下がる条項が盛り込まれていた。運用後半になるほど、指数がわずかに変動しただけで早期償還され、高い利率を享受できる可能性が一層狭まることを意味する。

投資家に不都合な仕組み債だが、銀行にとっては販売手数料が高くおいしい商品だ。早期償還されても、投資家が信頼して購入し続ければ手数料稼ぎができる。

結局、2020年にレアル円為替レートが暴落し、女性が投資していた3つの仕組み債がノックイン判定水準に到達。それまで積み上げた利益が吹き飛んだうえ、2000万円超の損失を被った。

商品性は段々と複雑怪奇に 女性が購入した仕組み債一覧

約定年月	購入額（万円）	損益（万円）	参照指数❶	参照指数❷
2011年 8月	3,000	48	日経平均株価	—
12年 4月	3,000	72	日経平均株価	—
6月	1,000	20	日経平均株価	—
13年 1月	4,000	36	日経平均株価	東証REIT指数
4月	3,000	49	日経平均株価	S&P500
7月	6,000	179	日経平均株価	ユーロ・ストックス50
10月	2,924	196	日経平均株価	ユーロ・ストックス50
11月	3,000	95	日経平均株価	ユーロ・ストックス50
12月	3,000	101	日経平均株価	ブラジルレアル／円
14年 1月	3,000	131	日経平均株価	ユーロ・ストックス50
1月	3,000	66	日経平均株価	ブラジルレアル／円
5月	6,000	143	ブラジルレアル／円	—
7月	3,049	350	ユーロ・ストックス50	ブラジルレアル／円
8月	3,000	31	ブラジルレアル／円	—
9月	3,000	▲1,217	ブラジルレアル／円	—
10月	3,000	35	ブラジルレアル／円	—
12月	6,000	196	ユーロ・ストックス50	ブラジルレアル／円
12月	6,000	▲1,987	ブラジルレアル／円	—
15年 1月	3,000	▲1,235	ブラジルレアル／円	—
2月	3,000	127	ユーロ・ストックス50	ブラジルレアル／円
2月	3,000	125	ユーロ・ストックス50	ブラジルレアル／円
総損益		▲2,431		

レアルの暴落でトータルで4000万円超の損失

（注）▲はマイナス。損益は千円以下を切り捨て　（出所）訴訟記録を基に東洋経済作成

勧誘が不適切だったとして、女性は2022年に銀行を相手取り訴訟を提起した。被告となった大手銀行は「女性は自らの投資判断によって、余裕資金で仕組み債を購入した」と反論している。

仕組み債は多くの銀行や証券会社が売ってきた。発生する損失の大きさや金融機関の販売姿勢は、金融庁も問題視している。2022年から実態把握に着手し、銀行や証券会社は一時的に販売を自粛した。だが、元本割れに陥った仕組み債をめぐるトラブルは、今後も噴出する可能性が高い。

仕組み債の問題に詳しい富士桜法律事務所の堀内岳弁護士は、「仕組み債に投資した結果、1年間で元本の7割を毀損し、退職金のほとんどを失ってしまった高齢者もいる」と警鐘を鳴らす。

トラブルを受け、日本証券業協会は2月、仕組み債の勧誘や販売後のフォローに関するガイドラインを制定した。だが金融庁幹部は「リターンに対するリスクが高すぎる仕組み債に意義はあるのか」と手厳しい。

仕組み債は販売単価の高さから、顧客の中心は資産を有する中高年層だ。目先の利益にとらわれず、理解の及ばない商品には手を出さないのが賢明だろう。（一井 純）

成年後見人の闇

２０２３年２月１２日、長野県諏訪市の県道脇にあるビニールハウスに軽自動車が衝突し、炎上する事故が起きた。焼け跡から発見された焼死体の身元が判明したのは１０日後。伊那市社会福祉協議会で、成年後見制度の事務を担当する３６歳の男性だった。

その後、事態は急展開する。男性の残務処理をしていたところ、同社協が成年後見人として財産を管理していた5人の預貯金から、約１４００万円が消えていたのだ。口座から無断で現金を引き出したのは、焼死した男性だった。

３月１４日、同社協の篠田貞行会長が会見を開き、「このたびは本当に申し訳ありませんでした」と謝罪した。ある職員は、男性を「まじめな人だった」と言うが、仮想通貨取引で損失を出していた可能性が指摘されている。被害者には、遺族が全額を弁償するという。

成年後見制度は、家庭裁判所から選任された後見人が、認知機能が衰えた本人の代わりに預貯金や資産を管理し、福祉サービスの契約などをするもの。ところが、後見人となった人が被後見人の財産を横領する事件は後を絶たない。

社会福祉協議会が関係した事件も、今回が初めてではない。

栃木県の鹿沼市社協では2021年7月、同社協が後見人となっている人の預貯金で計757万円の使途不明金が発覚、担当の50代男性職員が懲戒解雇となった。再発防止対策検討委員会は、同社協の後見業務は懲戒解雇の男性が1人で担当し、チェックができていなかったと指摘した。

伊那市社協の場合は4人の担当職員がいたが、被後見人の数は88人。単純計算で1人20人以上を担当していた。焼死した男性には上司となるセンター長がいたが、「個々の事例まで確認できていなかった」（同僚職員）と話す。

地域福祉の拠点である社協で、なぜこのようなことが起きるのか。

支援求めてお金が消えた

2016年に議員立法で成立した成年後見制度の利用の促進に関する法律では、制度の利用促進を目的とする基本計画を策定するよう市町村に求めている。その結果、各地域の社協が成年後見制度の相談窓口を担うことが増えた。ところが、「成年後見制度についての専門知識を持つ職員はほとんどいないのが現実」(社協職員)だという。

任意後見がスタートするまでの流れ

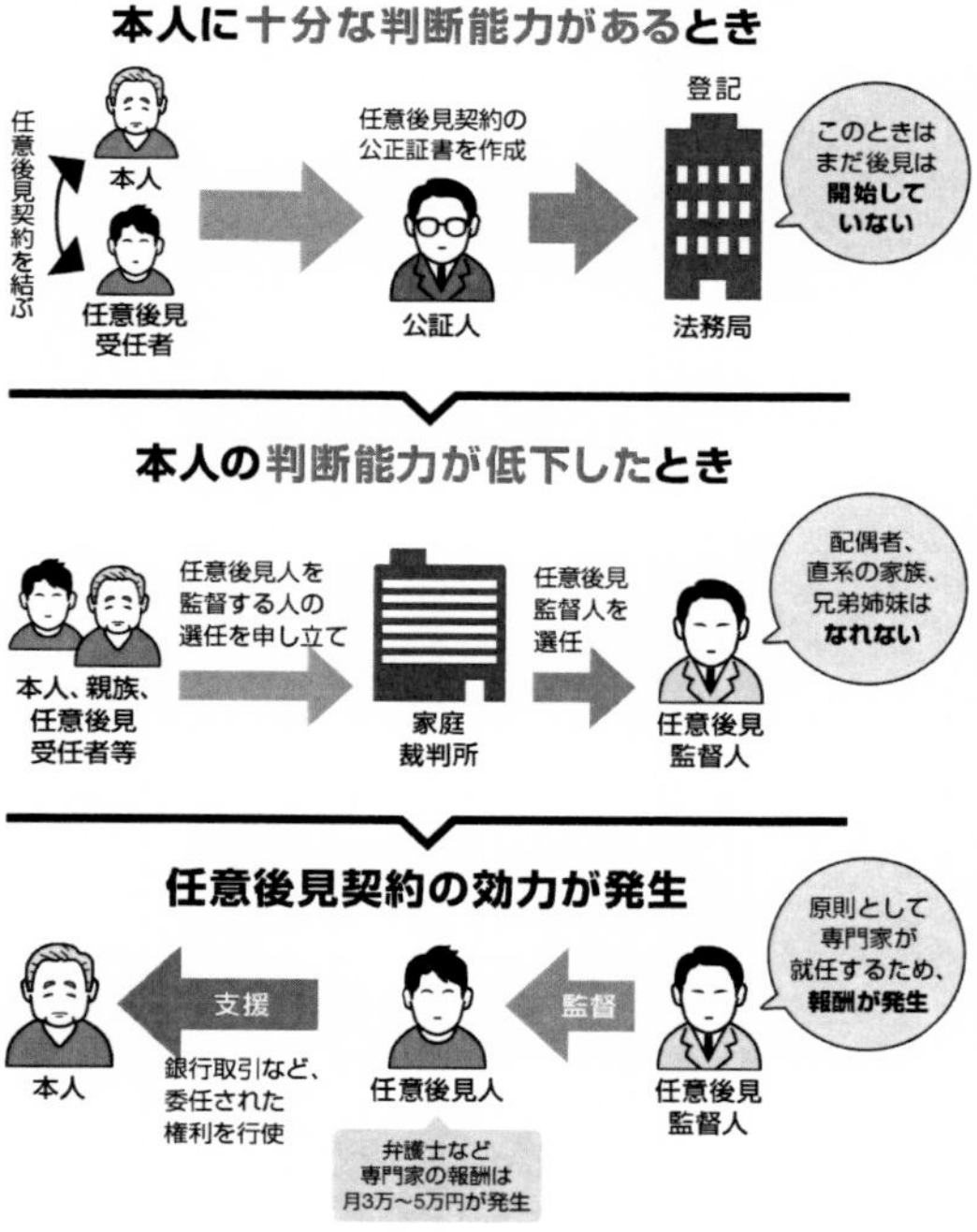

（出所）法務省の資料を基に東洋経済作成

社協に生活相談に行った結果、大事な資産を失った高齢者もいる。

東京都目黒区の斉藤ハルさん（仮名：90歳）は、生まれてから80年以上、同じ家に住み続けてきた。昔ながらの木造家屋で修繕を重ね、両親が亡くなった後も暮らしてきた。「戦争中には、反戦運動をしていた医学生を憲兵が捕まえに来て、庭から逃がしたこともあったのよ」（斉藤さん）と話す、思い出が詰まった家だ。

それが今では、同区内のマンションで一人暮らしをしている。住み慣れた自宅の土地部分は別の人の持ち物だったため、立ち退きを求められた結果だ。

斉藤さんは、近所の買い物や通院は一人でできる。認知機能も問題ない。ただ、独身で身寄りがいない。そこで、立ち退き拒否の協力を得るため、目黒区社協の権利擁護センターへ相談に行った。権利擁護センターは、高齢者や障害者が住み慣れた地域で安心して暮らせるよう、悪徳商法や日常生活のトラブル解決を支援する組織だ。

しかし、職員から的確な助言はなく、弁護士を紹介される。やがて弁護士は「立ち退きが前提」との条件で斉藤さんと代理人契約を結び、地主との交渉を開始。転居先として、目黒区内の3280万円のマンションを薦められ、購入した。弁護士自身が顧問を務める不動産会社の紹介する物件だった。

地主が提示した立ち退き料は３１５０万円。弁護士からは５００万円以上の報酬を求められ、さらに引っ越し代などで１００万円近くかかった。斉藤さんは今でも納得がいっていない。

「立ち退きたくなかったのに、７００万円以上の赤字も出てしまった。今後の生活が心配で……」

そのほかにも、介護事業所から頼んでもいないヘルパーが派遣され始め、月に７万円、１０万円といった請求書が届くようになった。介護事業所の職員から「養子にしてほしい」と言われたこともあった。


弁護士は、斉藤さんと任意後見契約を結び、遺産を目黒区に寄付するという遺言の執行人にもなった。いずれも、効力が発生すると弁護士への報酬が必要だ。

後に斉藤さんは知人の協力でその弁護士との任意後見契約を解除し、公正証書遺言を撤回。介護事業所も変更した。弁護士は「交渉の経緯は、１つずつ丁寧に説明してきたので、ショックを受けています」と話す。目黒区社協は、「個人情報等の観点から考えましてても第三者にお話しすることはできません」と回答した。

成年後見制度の相談を受ける一般社団法人「後見の杜（もり）」の宮内康二代表は、こう話す。「成年後見制度は、高齢化が進む日本社会で必要な制度。しかし、促進ばかりがいわれ、運用面で問題が多い。苦情窓口もなく、現状では泣き寝入りする人も少なくありません」。

今回、斉藤さんが取材に応じたのは、自ら経験した事実を多くの人に知ってもらいたかったからだという。

「みんな『あなたのため』と言って近づいてきた。本当に怖い」

（ライター・西岡千史）

鎌倉市強盗事件　分断された犯行と犯意

神奈川新聞記者・田崎　基

「金庫に2億の金がある」。指示役の男は言った。

「人には言えない、隠している金がある。脱税した金なので、奪われても通報できない」

男たちはそう聞かされ、神奈川県鎌倉市の現場へ向かった。2022年7月初旬のことだ。

初夏の海風が吹く夕暮れ時の住宅街に3人の男が集まった。リュックの中に用意したのはバールとガムテープ、目出し帽。現場を主導したのは横道利雄（仮名、逮捕当時22歳）だった。自身の名前を音読みにして〝リオ〟と名乗っていた。

もう1人は塗装工の東山泰人（同、23歳）。東山は友人の木村嘉六（同、22歳）を誘い込んだ。横道と東山は別々にツイッター上で「闇バイト」「グレーバイト」の募集を検索し、応募していた。

東山と木村は旧知の間柄だが、横道と顔を合わせるのはこの日が初めてのことだった。横道と東山の2人が押し入り、金庫が見つかった段階で木村が車で駆けつけ、現金を強取する計画だった。木村は金庫を運搬するのに必要な車と、実行役の2人が機動的に移動できるようにするためのバイクを調達する役割だったが、当日までに盗難車を準備できず、結局は実家の車とバイクを使うことになった。

ずさんな計画と皮算用

3人が鎌倉市内のファミレスで待機していると、指示役から具体的な住所が送られてきた。犯行の1時間ほど前のことだ。現場の下見なし、実行役は初対面、移動手段もアシがつくものを使い、逃走ルートといった緻密な計画などない。それでも男たちは2億円の金があると信じ、分け前の皮算用をし、凶悪な緊縛強盗へと向かった。

午後6時。夕焼けが照りつける海岸沿いの民家に2人が押し入った。鍵はかかっていなかった。家には事前の情報どおり初老の女性（当時75歳）が1人でいた。

東山が女性を脅しガムテープで両手両足を縛り1階を物色した。顔面にも貼り付けようとする東山に女性が「苦しいからやめて」と言うと、東山はそれ以上のことはしなかった。1階には封筒の中に入った数十万円があった。

2階に駆け上がった横道は、マイク付きのイヤホンを耳に挿して、指示役の男と通話を続け、東山に指示を出しながら物色を続けた。

「金はどこだ！」

「痛い目に遭うぞ」

金庫が見つからない。見つかったのは、家人が長年かけて「招き猫」の中に貯め続けていた数千枚の五百円硬貨だった。およそ30分にわたり家中を探し回ったがこれ以上の現金は見つけられなかった。

横道と東山は大量の五百円玉をリュックに詰め込み、女性の緊縛をほどいて、

125ccのスクーターに2人乗りして現場から逃走した。リュックの肩ベルトは重みでちぎれそうになっていた。

東山を知る友人は言う。

「中、高の頃はキレやすくて、けんかが絶えなかった。いろいろと悪いこともやってました」

横浜市内で生まれ育った東山は、中学校に入ると10代前半からバイクを盗んで暴走したり、傷害事件を起こしたりした。神奈川県内の私立高校に進学したが、数カ月で中退した。教員を殴ったのが理由だった。16歳のとき別の傷害事件で逮捕され、半年間少年院に入った。出てきて間もなく数十万円の金を友人に持ち逃げされた金銭トラブルから再び傷害事件を起こし二度目の少年院入りとなった。1年後に出院したときには18歳になっていた。

知人は言う。

「家庭環境は決して悪くない。10代の頃は悪いことをして目立ちたかったという感じ。とにかく短気で、その点では人とは違う性格だった」

二度目に少年院から出てきた後は性格も落ち着き事件を起こすこともなかったという。

東山はその後、建設関係や引っ越しの仕事を転々とした後、塗装関係の会社で働き始めた。事件の半年ほど前、独立し従業員を雇い入れた。会社を大きくしようと焦っていたのか、金に困り始めた。思うように仕事が入らず従業員への給料を借金で工面するようになり、やがて払えなくなった。知人のつてや、消費者金融からの借金が数百万円に積み上がっていた。

とにかく金が必要だ――。

ツイッターで闇バイト募集の投稿に応募し、間もなく正体不明の氏名不詳者とやり取りを始めた。「T」や「たたき」などという隠語で強盗を依頼され、得られた金の1割を報酬としてもらうことを条件に実行を決めた。「強盗の経験がある男」として横道を紹介され、直接連絡を取るようになった。いずれの段階でも指示役と顔を会わすことなく、実行することだけが決まっていった。

大量の五百円玉を奪った横道と東山は、ファミレスで待機していた木村と合流した。「現場に残してきた足跡が証拠になる」と横道が指摘し、靴の量販店へ移動した。その駐車場で現金を計算すると、紙幣が約60万円、小銭が約100万円あった。

そのまま雑貨量販店へ向かい、横道は8万円ほどするブランド品のバッグを購入、すべて五百円玉で支払った。東山が約54万円、木村が約21万円を報酬として受け取り、残りは横道が手にした。東山と木村は3日後、2人で千葉県内の金融機関で五百円玉を紙幣に替えた。県を越えれば、捜査の手は及んでいないと考えた。

証拠はしかし、ことごとく残されていた。走り去るスクーターの形状、色。近くのコンビニの防犯カメラには2人乗りで疾走する姿。3人が犯行前後に集まり打ち合わせしたファミレスの防犯カメラにもその姿が映っていた。その駐車場に止められた車もスクーターも。

金融機関の窓口で両替する2人の姿も捉えられていた。秘匿性が高いとされるメッセージアプリでのやり取りも、克明に復元されていた。

捜査網は、着実に3人の捕捉へ向かっていた。

事件から4カ月後。季節は晩秋へと移り変わろうとしていた。横浜市旭区の住宅街。路上に普段は見かけない黒色のアルファードが数日前から止まっていた。東山が契約している駐車場を監視できるぎりぎりの場所だった。

自首するか、あるいは飛ぶ（逃走）か——。

11月初旬の早朝。3人は神奈川県警捜査一課と鎌倉署によって一斉に逮捕された。容疑は、住居侵入と強盗致傷。多くの証拠を示されたせいか、3人とも「私たちが起こした事件に間違いありません」（2022年11月2日付神奈川新聞）と供述し、容疑を認めた。起訴段階では「女性のけが」について公訴事実には盛り込まれず、横道と東山が「住居侵入と強盗」、木村は「住居侵入と窃盗」の罪でそれぞれ公判請求がなされた。

詐欺グループは役割分担が決まっている

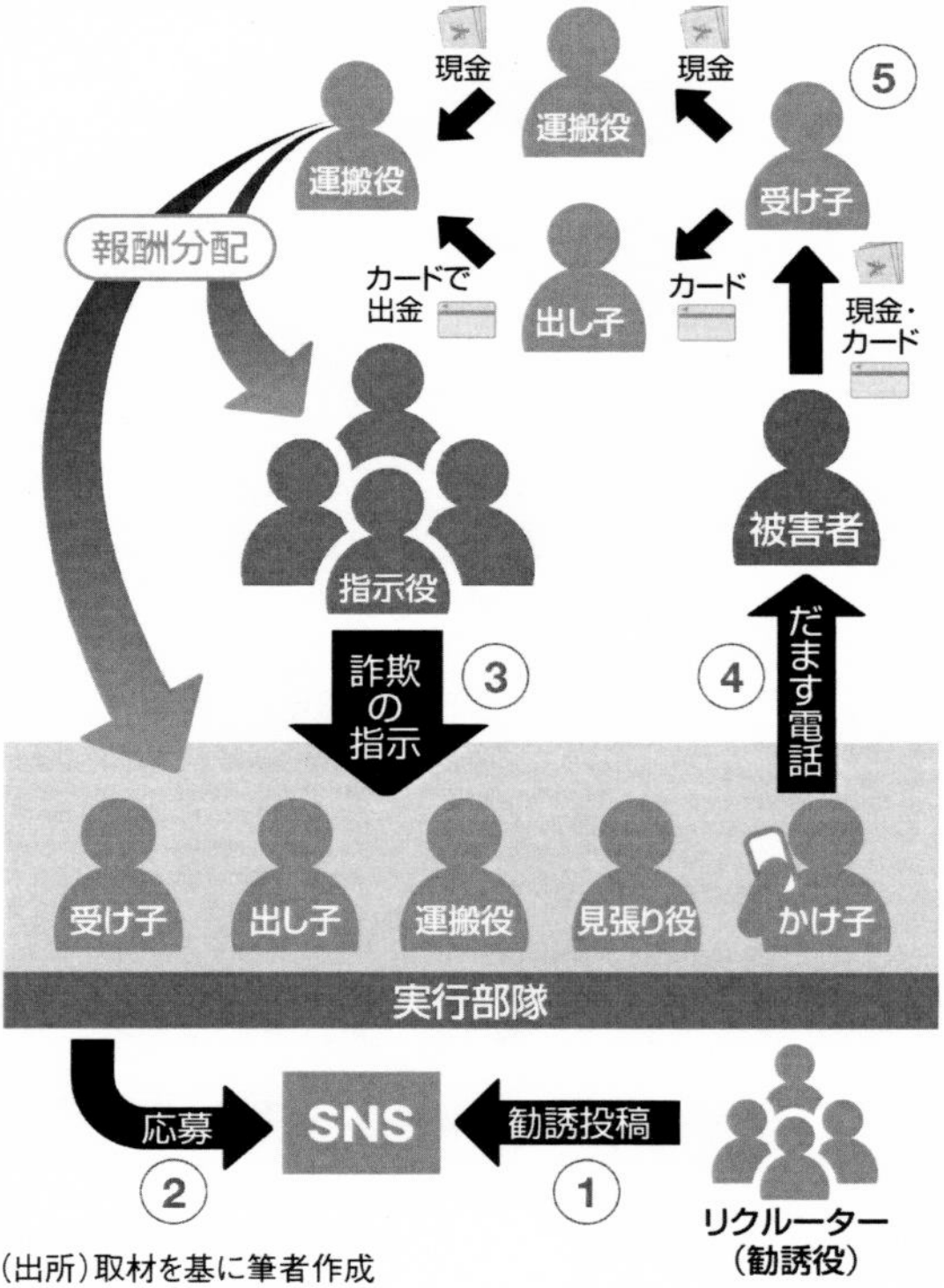

（出所）取材を基に筆者作成

困窮、父に相談できず

2023年3月。東山は横浜地方裁判所の法廷にいた。上下黒色のスウェットに身を包み、緊張した面持ちで被告人席に座っていた。目の前の証言台には父が立っていた。東山は、ずっと家族と同居していた。生活状況を知る情状証人として父は、裁判官を見上げていた。弁護人や検察官からも問いかけられ、父は答えた。

――今回の犯行の動機は仕事上の赤字で（従業員に）給料が払えず借金があったからでした。そのことを知っていましたか。

「知りませんでした。私も個人的に（息子に）貸していて、それを返済してからでないと、次の（借金の）話はしない、ということを決めていたので、言えなかったのではないかと思う」

――少年院に入っていたことがありますね。

「はい。暴力沙汰です。小さなトラブルは何度かありました」

――今後、監督は難しいと思うが、どうするか。

「金の管理について、すでに成人しているので本人に任せていた。ただ、そこもちょっと含めて今後は見ていく必要があると思ってます」

裁判官は沈着な語り口で、父に問うた。

――資料を見ると、少年のときからいろいろありましたね。父から見て、犯罪や改善すべき点、原因について、金以外に考えるべきことはありますか。

「正直、成人してからは仕事を一生懸命にやっていたので、安心していたところがあります。今回の件があり、反省しています」

――やっていいことと、ダメなことがあります。今回、かなり程度の悪いことをやっている。その見極めが重要。もっと染み込ませないと、本人も周囲も今後大変な人生になってしまう。やったことのすべてが自分に返ってくるということです。

「被害者の方には本当につらい思いをさせてしまった。それは本人（息子）に返ってくる。やったことは非常に大変なことで、今後本人が受け止めていくしかない」

追及される父を、肩越しで見ていた東山は直視することなく、じっとうつむいていた。

東山へ裁判官が問う。「最後に言いたいことはありますか」。東山は証言台に立ち、言った。

「今回、起こしてしまったことで大変な迷惑をかけてしまいました。申し訳ございません」。深々と頭を下げ、「以上です」と言った。

横浜地裁は3月、懲役5年の求刑に対し、懲役3年6月の実刑判決を言い渡した。

田崎　基（たさき・もとい）
1978年生まれ。神奈川新聞記者。経済格差や憲法改正問題など経済、政治、社会問題を中心に取材。著書に『ルポ　特殊詐欺』『令和日本の敗戦』など。

〝ルフィは誰か〟その正体暴きの難儀さ

〝ルフィ〟の正体についての情報は入り乱れている。

仮に、逮捕された全員が「俺はルフィじゃない」「あいつがルフィだ」と互いに食い違う証言を重ねた場合、立証は困難を極める可能性が高い。刑事事件では、誰が、いつ、どのようにして、何をしたのか、という要素を、犯罪の構成要件に当てはめて、一つひとつ立証しなければならないからだ。

立証責任は検察側にあり、しかも「合理的な疑いを超える程度の証明」が必要とされる。言い換えれば、有罪とすることに疑問の余地がある場合は「無罪」としなければならない。「疑わしきは被告人の利益に」や「無罪推定の原則」とは、このことである。

2020年に起きた特殊詐欺事件で、指示役やリクルーター役とされた男が「それは俺ではない」と無罪を主張したケースがあった。やはり、立証は困難を極めた。

総額1・9億円規模の被害を出した特殊詐欺グループのナンバー3とされた桜木博(仮名:逮捕当時25歳)は、秘匿性の高いメッセージアプリ「テレグラム」のチャットで「リュウ」(実際には漢字)と名乗り、起訴された。

この特殊詐欺グループは、最上位者とナンバー2、そして桜木の3人で幹部が構成され、その下部で受け子や出し子、運び役など常時数人が稼働していた。「リュウ」の役割は、上位者と協議し、受け子、出し子の候補者から事案ごとに実行役を決定したり、報酬の配分を決めたり、回収できた額を最上位者に報告したりすることだった。チャット上で「リュウ」と呼称されていた人物が、複数の特殊詐欺事案を主導していた事実は確定されたが、この人物が本当に桜木なのか否かは、検察側が立証責任を負っていた。

関与した受け子、出し子の多くはテレグラム上でやり取りしただけで、その「リュウ」が桜木であると断言できる実行役は数少なかった。刑事裁判の争点は、「リュウ」

なるアカウントの正体が桜木か、その「犯人性」に絞られた。数々の証人が証言台に立ち、被告人席に座る桜木について、「彼がリュウさんですか?」と問われた。

2019年8月に2度、「リュウ」と東京・北千住の路上で会った男の証言が重要視された。この男は、桜木が逮捕された際のニュースを見て「リュウさんが逮捕されたと思った」と供述していた。ただ、桜木と対面した男は、法廷で「リュウ」の髪の毛やひげといった特徴を挙げたものの、桜木との同一性については、あいまいな証言を重ねた。こうした曲折により、逮捕から判決が下されるまで1年2カ月の月日を要した。

判決では「リュウ」と実行役との間で行われたチャット上のやり取りや、その時系列、桜木の行動、捜索差し押さえによって桜木の自宅から押収された通帳の出入金記録、実行役の証言を積み重ね、「強く推認される」「被告人(桜木)が各犯行に及んだと優に認定することができる」などとし、横浜地方裁判所は懲役6年(求刑懲役6年)の実刑判決を言い渡した。

こうした数多くの状況証拠と、人証（証言、供述）が一貫した方向性を示していなければ、有罪と確定できる「合理的な疑いを超える程度の証明」は難しい。

〝ルフィ事件〟では、逮捕前に証拠隠滅や口裏合わせができる時間的余裕があった。遠隔地で複数人が入れ替わり立ち替わり、スマホやＳＩＭカード、アカウント名を使い回していた場合、個々の犯行について、その指示役を特定するのは難儀だろう。事件の全容解明に欠かせない「犯人性」というピースの行方が注目される。

（神奈川新聞記者・田崎　基）

友人を助けたつもりが……

特殊詐欺の「共犯者」にされかかった男の後悔

東京都葛飾区の小菅にある東京拘置所。3月上旬、面会室で取材に応じたAは、「こんなことになるとわかっていたら、あんな相談には乗らなかった」と、悔しそうな表情を見せた。

2022年11月、妻と共に探偵事務所を営むAは、警視庁暴力団対策課によって逮捕された。容疑は電子計算機使用詐欺と窃盗。特殊詐欺の共犯者と見なされたのだ。

発端は2021年4月、友人であるXから相談を受けたことだった。

「自分の後輩が部屋を借りようとしたが、審査に通らなかった。住む所がなく、困っている。代わりに契約してもらえないか」

Xはかつて指定暴力団・六代目山口組の傘下組織に属していたが、「足を洗った」と話していた。

Aは、Xの後輩だという男が組員であるかは確認しなかったが、「Xは組を脱退していたので、その後輩も一般人だと思った。友人の頼みだし、何とかしてやろうと考えた」と振り返る。暴力団対策法によって、現役の組員は不動産を借りられない。

Aは部下であるBに指示し、Bが代表を務める会社の名義で部屋を借りることを決める。Aは名義貸しが違法であることはわかっていたが、「何も問題が起きなければ表面化することはない」と考え、世田谷区のマンションの一室を借りた。

その際AはXと2つの約束をした。居住用として使うこと、そして犯罪には使わないことだ。

「見張られている」

だが半年ほど経った2021年秋、AはXから奇妙な連絡を受ける。「マンションが何者かに見張られている気がする。Aさんの探偵事務所で調べてほしい」

実際に調査するAの妻がいぶかしんでXに尋ねた。「見張られているってどういうことですか？（相手は）暴力団？」。Xは「後輩は金銭トラブルを抱えて関西から逃げてきている。債権者かもしれないし、暴力団の可能性もある」と返答した。

妻は何日かに分け、マンション周辺を調査した。不審な車や人がいないか、監視カメラが設置されていないかを調べたが、不審な点は見つからなかった。

程なく、Xから再び依頼が来る。「後輩が引っ越しをしたがっている。もう1回、名義を貸してもらえませんか」

AはBと相談したうえで再び名義貸しをして、世田谷区の別のマンションを借りてやった。引っ越し当日、Xから「尾行する車がないか見張っていてほしい」と頼まれ、Aの妻が車で尾行がないかを探った。この日、尾行車両は確認できなかった。

ところが、それから半年が経過した2022年6月、事態が急変する。警視庁がマンションの強制捜査に入ったのだ。部屋の中では、2人の男が還付金詐欺の「かけ子」をしていた。

かけ子は市役所職員などを装い、奈良県の67歳の女性に電話をかけ、「介護保険料の還付金3万6000円が返還される」「申請書類がなくても受け取る手続きができる」などと言い、ATMで、犯人グループの口座に現金100万円を振り込ませていた。

グループの中で捕まったのは2人だけではない。宮崎県の女性に「健康保険の過払い金がある。今日手続きしないと返金できなくなる」などと虚偽の電話をかけ130万円をだまし取った還付金詐欺の容疑が浮かび、2023年1月、集金部隊の指示役である指定暴力団・住吉会傘下の組員も逮捕された。

詐欺グループ統括の男と友人関係だったことがあだに

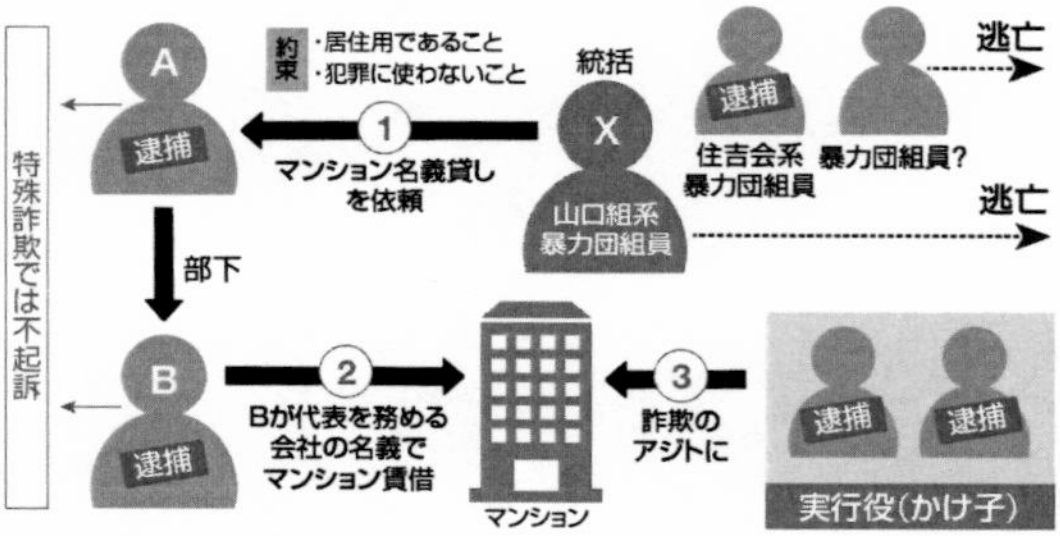

(出所)取材を基に東洋経済作成

このグループによる詐欺行為は世田谷区のマンションが重要な拠点になっていた。捜査が進む中、自分たちも犯罪に加担していたと見なされるのではないかと懸念したAがXに問いただすと、「不動産のことはこっちで処理するから大丈夫」と言い張られた。

だが不安は的中する。警視庁は2022年10月、Bを逮捕。続けてAを11月に逮捕した。警察は名義貸しをしたAとBを詐欺グループの一味と判断したのだ。身の危険を感じたXは姿をくらました。

その後の捜査で、この詐欺グループが関与した特殊詐欺は100件ほどあり、被害総額は1億円に及んだことが確認されている。

Aが逮捕される直前にXと電話で交わした会話の記録がある。

「名義を貸したのは事実ですよ。でも、それは友人であるX君の頼みだったから」「じいさんやばあさんから金をだまし取るようなことをやっていて、その共犯にされたんじゃ、心折れますよ」とまくし立てるAに対し、Xはこう返答するのが精いっぱいだった。「全部、自分の判断ミスです」。

説明しても信用されない

Aは逮捕後、Xが現役の暴力団組員だったことを警察から知らされた。「居住用に使う」としていた部屋に、2人のかけ子が毎朝出勤し、夕方には退勤している姿が、警察の隠しカメラで撮られた画像にはっきりと写っていた。

Aは特殊詐欺を「いっさい知らなかった」と話す。Xへの親切心があだになってしまったという。

逮捕されたAとBが頭を抱えたのは、自分たちは特殊詐欺には関わっていないとどんなに説明しても警察から信用されなかったことだ。詐欺グループの連中に「詐欺とは関係ない」と真相を供述してほしかったが、Xは逃亡したままで、捕まったかけ子らは弁護士の指示で「黙秘」を貫いていた。

捜査のターゲットは、明らかに暴力団組員のXだった。XがAに、「見張られている」などと主張していたのも、捜査を警戒したためだと推測できる。

警察は詐欺で得られた金が暴力団に流れているとみて、首謀者であるXを捕えようと躍起になっていた。その配下で暴力団組員とみられる男も逃亡していた。それゆえ警察は、Xと直接話をしていたAに疑念の目を向けたとみられる。

Aにかけられた疑いを晴らしたい妻は「私がXを呼び出すから、そこを捕まえて」と警察に持ちかけた。だが警察は「相手は暴力団。万が一、拳銃を所持していて、あなたを人質に取ったりしたら、取り返しがつかない」と、取り合わなかった。

2023年2月、AとBの特殊詐欺についての不起訴が決まった。名義貸しをした賃借権詐欺については1件目が22年12月、2件目が23年2月に起訴されている。

3月下旬、東京地方裁判所で開かれた公判。Aは賃借権詐欺についての起訴事実を認めたうえで、次のように述べた。「Xを当時は友人だと思っていたが、自分だけ逃げるような人間とは付き合うべきではなかった。今は後悔と反省しかありません」。

賃借権詐欺の判決は23年5月の予定だ。

（野中大樹）

詐欺師たちを支える犯罪インフラ

高齢者をだます特殊詐欺を行うには、さまざまな「道具」がいる。高齢者の住所・電話番号などが記載された名簿、携帯電話、電話をかける部屋（アジト）などだ。これらを詐欺グループはどうやって入手しているのか。

まずは名簿。企業は効率的な営業活動をするために、さまざまな名簿を合法的に活用してきた。

名簿を販売する企業の1つが、現在も国内最大規模の名簿事業を営むプレゼンスだ。創業は1980年。卒業生名簿や同窓会名簿をデータベース化しており、同社のサイト「名簿リスト.com」には、医師や弁護士、企業経営者、公務員ら富裕層と推察される人々の個人情報がそろう。これらを頼りに、企業はDM（ダイレクトメール）を発送するなどしてきた。

2005年に個人情報保護法が全面施行されると、本人の許諾が取れていない個人情報の売買は禁じられた。しかし、施行前に売買されていた個人情報についてはその後も売買可能だ。振り込め詐欺など特殊詐欺が社会問題化した2004年前後、実行犯たちが主に使っていたのは、こうした合法的な名簿だったとされる。

だが、現在では状況は大きく変わった。特殊詐欺グループに使われている名簿には、高齢者の資産額や家族構成、人によっては「不動産投資をしている」「最近、ゴルフ会員権を売った」「日中は一人でいることが多い」といった、合法的には入手できない情報が含まれているケースが多い。

独自調査によって新たな情報を加えることを、名簿業界では「擦（こす）る」という。

名簿を擦る探偵事務所

なぜ特殊詐欺グループは「擦られた名簿」を持っているのか。取材に応じた特殊詐欺グループを統括する人物は「名簿をしっかり擦って売ってくれる名簿屋や、探偵事務所がある」と明かす。

裏社会に通じる探偵事務所の代表は「探偵事務所にはあらゆる名簿がある。クライアントから依頼されれば、ある家の資産額から家族構成まで調べ上げ、名簿を徹底的に擦ることもできる」と言う。

方法の1つが「下見調査」だ。地元の警察や福祉事務所を装って高齢者の自宅に電話をかけ、「高齢者の防犯のためにいくつか質問させてください」と騙（かた）り、「一人暮らしか否か」「認知機能の衰えを感じるか」「相談できる人が周囲にいるか」「銀行にいくらくらい預金しているか」などを1つずつ聞き出し、名簿に情報を加えていくのだ。

擦る方法はほかにもある。多重債務者の名簿から金に困っているサラリーマンを割り出し、「顧客データを持ち出してきてくれれば高く買い取る」と唆す方法だ。

2009年、三菱UFJ証券システム部の部長代理だった男が、顧客データを抜き出して名簿屋に売却する事件が起きた。男性は多額の借金を抱えていたとされる。

近年も似た事例がある。2022年末、東京都内の探偵事務所を、一人の男が訪ねてきた。男は、CDやレコードの大手販売会社の名を挙げて「この会社のオンラインショップに登録していた約70万人分の名簿が手に入った。買わないか」と持ちかけ、かばんからUSBメモリーを取り出した。入っていたエクセルファイルを開くと、約70万人分の氏名や住所、電話・ファクス番号、メールアドレスが記されていた。

このCD販売会社は2022年8月、ホームページで「弊社オンラインショップ登録個人情報漏えいに関するお詫びとご報告」をリリースしている。登録していた会員約70万1000人の氏名、住所、電話・ファクス番号、メールアドレスなどが外部に漏洩していたことを報告し、顧客に謝罪していた。

男が探偵事務所に持ち込んだデータが本当にこのCD販売会社のデータなのか、なぜ顧客データが漏洩したのかはいずれも不明だ。

企業の顧客データが外に漏れるもう1つのパターンが、ハッカーによる不正アクセスだ。盗み取られたデータは多くの場合、名簿屋や探偵事務所に売られ、詐欺グループに転売されたりする。

闇名簿が詐欺グループの手に渡る流れ

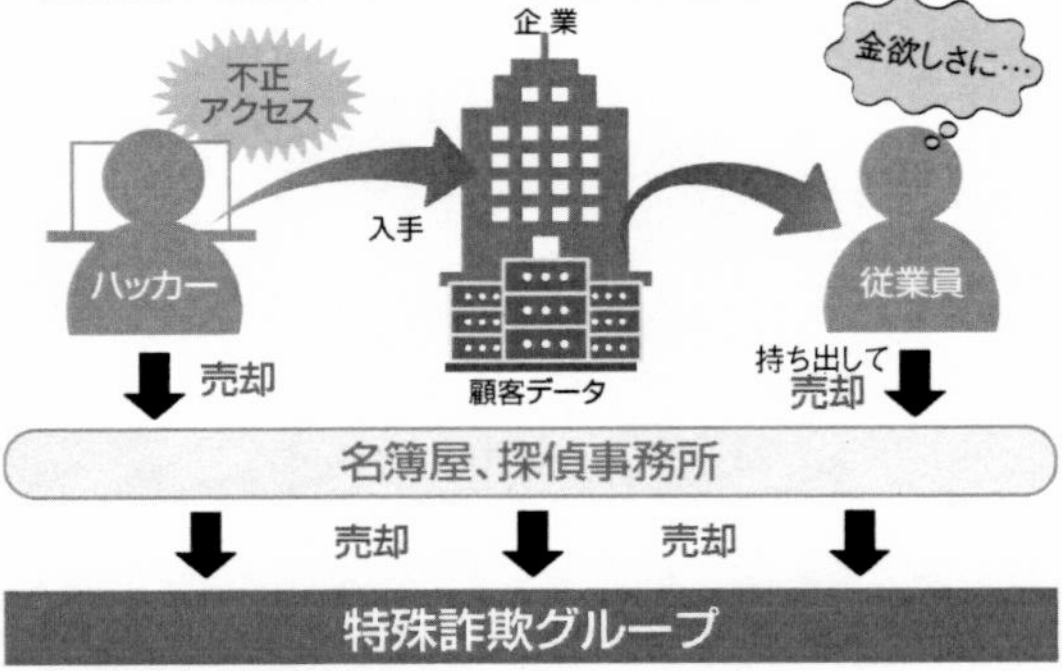

（出所）取材を基に東洋経済作成

次に携帯電話。広域強盗事件の容疑者としてフィリピンから移送された「ルフィ」疑惑の4人は、スマートフォン13台、タブレット端末2台、ほかにSIMカードなどを所持していたとされるが、その名義が本人たちのものか否かは明らかにされていない。詐欺グループは万が一摘発された場合に備え、他人名義の携帯、いわゆる「飛ばし携帯」を使うことが多い。

では、飛ばし携帯の契約には誰の名義が使われるのか。詐欺グループを摘発した経験のある捜査関係者は「暴力団のヤミ金融に手を出し、借金返済で首が回らなくなった人間が携帯5台分の契約をさせられていた事例があった」と明かす。「携帯1台の契約で、本人は5万円の報酬を得ていた。5台契約すれば25万円。借金を早く返済したい一心で名義を貸してしまう多重債務者はたくさんいて、そんな彼らを使って詐欺グループに携帯を供給する『携帯屋』がいる」と、この捜査関係者は言う。

そして部屋（アジト）。詐欺グループへの部屋の貸し方に通じる不動産業者は、「賃貸保証会社の審査を通過させるために、いくつかの操作が必要」だと語る。

1つは源泉徴収票の操作。会計ソフトをうまく使えば、そう難しくないという。「会計士や税理士にも、小遣いを与えれば手伝ってくれる人がいる」(同)。

借り主が自営業の場合は、課税証明書が求められる。これも操作が可能だ。「コピーでいい」とする保証会社ならともかく「原本を送れ」と指示してくる保証会社の審査を通すには、その道のプロである「技術屋」に発注し、偽造してもらう必要がある。「すかし」まで入る特別な紙を用い、本物と見分けがつかない完成品ができるが、費用は優に30万円を超えるという。

そして「会社に勤めている」と見せかけるためのアリバイ会社だ。保証会社が確認のために電話して「○○さん、いますか?」と問うた際、「今、離席しています」と答え、「在籍はしている」と見せかけてくれる会社があるのだ。

多くのアリバイ会社は、1件につき家賃1カ月分の手数料を要求する。アジトに使う部屋の家賃が高ければ高いほど手数料も上がる。

以上の操作や工作をしても、暴力団組員や滞納者、多重債務者は審査を通るのが難しいという。その場合は他人の名義を使う。不動産業者自ら代わりの名義人を探してくれるケースもあれば、借りる側が自力で探さなければならないこともある。

特殊詐欺はクローズアップされてから20年以上が経過しているのに、なくならない。その理由の1つは、詐欺インフラを供給する人々がいるからだ。

（野中大樹）

高齢者をだます者の「素顔」と「本音」

詐欺でシノぐ者たちは、どんなことを考えているのか。

（個別取材を基に座談会形式で構成）

【A：30代・半グレ】自分は少し前まで「情報商材」を売っていた。「高収入を得るノウハウが詰まっている」なんて適当なことを言って、中身空っぽの教材やDVDを高額で売りさばいた。詐欺だとバレ出したので、仮想通貨の販売に切り替えた。「資産をウン十倍に増やすセミナー」を各地で開いたら、金持ちの高齢者がたくさん来た。ある老舗企業の創業家ファミリーまで会場に来ていて驚いた。こいつらバカかと思ったけど、セミナーでは、「今投資しないのは、将来手にする大金をドブに捨てるようなものですよ」とあおった。
もちろんICO（新規仮想通貨公開）後は価値がガタ落ちすることになっている。後になって「だまされた」と騒ぐ奴（やつ）らも出てくるが、だました証拠は出ない。警察も動けない。

おかげで自分は六本木のマンション高層階に住んでいる。最近は仮想通貨も「詐欺コインだらけ」だと言われるようになったし、そろそろ次の商材を探そうと思う。

【B：50代・元暴力団組員】自分は少し前にヤクザを引退したんだが、現役の頃は特殊詐欺をやっている連中からケツ持ち（用心棒）をよく頼まれた。

【A】半グレたちは迷惑がっていたよ。「こっちのテリトリーを荒らすんじゃねーよ」って。でも、いつの間にか大きな詐欺グループは「〇〇組系」という冠がつくようになった。

【C：40代・現役暴力団組員】半グレがヤクザを頼るようになったんだ。奴らは同業者間でよくトラブる。そんなとき、「うちのバックは〇〇組だよ」って言えたほうが強い。けんかになったらヤクザのほうが半グレより強いから。

【A】仮想通貨のアガリの配分をめぐって仲間ともめたとき、相手が現役のヤクザを連れてきてビビった。でも最近のヤクザは詐欺グループのケツを持つだけじゃなく、詐欺現場に指示を出したり、受け子、出し子をリクルートしたり、随分と前線に出ている印象だ。

【C】自分は指示役もリクルートもやる。指示役として実行役を民家に突っ込ませるときは、テレグラムで撮らせつつ侵入させる。指示どおりに金庫を壊させ、現金を持ってこさせる。オンライン強盗。

――テレグラムで撮影させ続けるのは、実行役の逃亡を抑止するためですか。

【C】そう。もちろん闇バイトに応募してきた奴については免許証など個人情報を最初に取っているし、飛び（逃げ）そうな奴がいたら、あらかじめ探偵に頼んで恋人や家族の写真を撮っている。万が一の時に「彼女や親がどうなってもいいのか？」と写真を見せれば、飛ぶことはできないから。

リクルートはSNSを使う。受け子や出し子のようなパクられるリスクが高い業務でも「高収入」をうたって募集をかければ人は集まる。パクられるまで使い倒す。

――もし彼らが逮捕されても、上のほうには捜査が及ばない？

【C】及ばない構造にしている。下にいる子たちは俺たちの顔も本名も、存在すらも知らない。

【B】そういえば探偵屋は元デコ（警察）が多い。定年前に退官して探偵事務所を開き、ヤクザの仕事を請け負っているような輩が一定数いる。詐欺師たちにとっては「使えるデコ」がいるってことだ。

【A】仮想通貨でボロ儲けした連中の中には、警察を「飼う」奴らがいた。特定の警察官に飲み食いさせたり、時にキャバクラに連れていっていた。

【B】詐欺被害者は星の数ほどいるのに詐欺師がパクられない理由は、そういうところにあるんだな。

【A】それもあるし、仮想通貨の仕組みや詐欺の構造を理解できる警察官が少ないということもある。

【A】半グレや特殊詐欺グループのケツ持ちは、ヤクザにとって渡りに船だったんじゃないか。暴力団対策法で食えなくなったヤクザにとって「半グレのケツ持ち」「特殊詐欺グループのケツ持ち」が新たなシノギになったんだから。

【C】渡りに船ではない。苦肉の策だ。暴対法でヤクザは生きるすべを失った。ちゃんと稼げていれば、半グレのケツ持ちなんてやらない。ましてや、高齢者を殴り殺して金を奪い取るなんて外道、やるわけがない。任侠道とは相いれない。昔ながらの任侠道を生きるヤクザたちは、特殊詐欺なんて恥ずかしいこと絶対に手を出すんじゃねーと本気で怒っている。

【B】かといって上納金について「特殊詐欺で稼いだものじゃないだろうな」と確認はしないだろう。

【C】しない。みんな生活が苦しいから。むなしいけれど。

（野中大樹）

「喜怒哀楽を与え判断力を鈍らせる」

フナイム（活動名）

２０１５年に特殊詐欺事件の主犯格として逮捕され、２１年に刑期を終えたフナイム氏（活動名）は現在、特殊詐欺撲滅のための活動をしている。

――逮捕された事件はどのような手口の詐欺？

高齢者に電話をかけ、「あなたには老人ホームに入居する権利がある。入居権を譲ってほしい」と持ちかける。入居権をめぐるトラブルをでっち上げ、その解決金という名目で多額の現金をだまし取るというものです。

──ノウハウは誰が？

老人ホームの詐欺を行う前は同じようなスキームで未公開株や転換社債を売っていました。そのとき一緒にやっていた知り合いから、入居権詐欺のマニュアルをもらい受けたのです。そのマニュアルには、事細かにせりふが書かれているんですが、実際の電話では相手が何を言ってくるかわからない。その場その場のアドリブで切り返していく必要があります。

──被害者は電話だけで信じてしまうもの？

劇場型の詐欺は、被害者の感情を揺さぶります。

被害者を追い詰めて口論になった末、被害者の話をよく聞きます。「わかりました。それならあなたは悪くない」と味方に回るのです。けんかをした後に仲良くなると距離が縮まる。喜怒哀楽を与え、判断力を鈍らせる。いろいろな心理を突いて、お金を出させるのです。

――だまされやすい人は？

電話を切らずに話を聞いてしまう人や、自分はだまされないと思っている人。金融の知識がある人もだまされやすい。教養のある人はプライドが高く、人に相談しなかったりするんです。

（聞き手・井艸恵美）

フナイム（活動名）

特殊詐欺の主犯格で、懲役5年4カ月の実刑判決を受けた。関与した事件の被害者は3人で、被害額は約6000万円。2人には全額返済し、もう1人とは和解している。

詐欺・悪徳商法から家族を守る10カ条

ライター・西岡千史

あなたの財産を狙う人間は、今そこにいる。すぐに対策を始めよう。誰もが被害に遭う可能性がある詐欺や悪徳商法。家族や知人を守るにはどうすればいいのか。その方法を紹介しよう。

(1)親子でも絶対ダメ! 被害者を責めない

高齢になると、自分が悪徳商法や詐欺の被害に遭ったことに気づかない人もいる。家族からすると「何でこんな手口に引っかかったんだ」と言いたくなる。だからといって、本人を責めてはいけない。詐欺被害者の心理に詳しい立正大学の西田公昭教授は言う。

「金銭被害に遭った人や詐欺師を信じ込んでいる人に、上から目線で話してはいけません。『どんな人でもだまされる』と、謙虚な姿勢で接することが大切です」

危険なのは、叱責した結果、反発を招くことだ。被害者が「自分の金を何に使おうと勝手だろ」と開き直ってしまったら、取り返しがつかない。

全国消費生活相談員協会（以下、相談員協会）の鈴木春代さんも、こう話す。

「親にとって、子どもから説教されるのはつらいこと。詐欺被害をきっかけに、親子関係が悪くなってしまうこともあります。親が被害に遭った場合は、子どものほうが気を使ってあげてほしい」

(2) 留守番電話が基本　録音機能も効果大

特殊詐欺の実行犯が、被害者に接触する最初の手段は何か。警察庁のアンケートによると、被害者のうち、実に97・5%が固定電話で最初に犯人と接触していた。相談員協会の吉村俊恵さんは言う。

「70歳以上の人にとって、電話は貴重なものだったという思い出がある。その感覚が残っていて、『かかってきた電話に出ないのは失礼』という人も多い。その心理を詐欺師は狙っています」

固定電話を悪用した詐欺を防ぐには、留守番電話が効果的だ。犯罪者は自分の声を録音されることを嫌がるからだ。また、最近では会話録音機能がついた電話を、高齢者向けに貸し出している自治体もある。積極的に利用したい。

(3) 預貯金など資産状況を他人に絶対話さない

母親が、自宅にやってきた販売会社の男性から「銀行の預金通帳を確認させてほしい」と言われ、通帳を見せてしまった。さらに、実印まで押してしまった——。

あっさりと人を信じて、そんな要求に簡単に応じる高齢者は多い。

「詐欺師は、相手を信用させながら、資産状況の把握を同時に進めます。通帳など資産がわかる資料を見せないことを徹底してください」と相談員協会の鈴木さん。

(4) 初回無料は無料に非ず　2回目以降の確認を

スマートフォンが高齢者世代に普及し、インターネットやSNSを通じた被害も増えている。

典型的なのは、健康食品や化粧品を「初回無料」と大きく宣伝しながら、実際は定期購入だったという手口だ。2回目以降を解約したくても、高額な解約金がかかることもある。

利用前には「最終確認画面」の内容をよく確認し、スクリーンショットで保存してほしい。自宅に商品が届いたら定期契約になっていないか確認することで、被害の拡大を防ぐことができる。

(5) テレビ・ラジオでの通販　返品できる場合もある

通信販売で購入した家電の場合、箱を開けて通電したら返品できないケースが多い。それでも、性能に問題があれば交渉の余地はある。

「商品の説明と実際の性能が大きく異なる場合、返品が認められることもあります。また、商品購入のときに電話で話したオペレーターから、別の商品を薦められて買った場合、クーリングオフの対象になります」（相談員協会の鈴木さん）

(6) 点検商法に注意！　信頼できる工務店を

床下や給湯器の点検を装って来訪し、「工事をしないと危険」などと言ってリフォーム工事や修理を契約させる「点検商法」。勧誘の目的を明らかにしない営業や、工事が不要なのにうそを伝えることは、特定商取引法違反だ。

東京都消費生活部の西尾由美子担当課長は、「信頼できる地元の工務店をつくり、何年かに1回は点検してもらう。『壊れている』と言われても慌てて契約せずにほかの業者に見てもらいましょう」とアドバイスする。

(7)保険の申請は自分で代行業者に頼まない

80代の男性は、台風の影響で自宅のアンテナが故障し、雨漏りも発生していた。それを見た修理業者が男性の自宅を訪ね、屋根の様子を調べた。すると、「保険で修理できるので、保険金の38%をもらっていいか」と言ってきた。不審に思った男性は別の業者に修理を頼んだが、80万円の保険金が下りると、初めの修理業者から手数料を求める請求書が送られてきた。どう対応すればいいのか。

「原則として払う必要はない。契約している保険会社や代理店に相談するといい。保険の申請代行を売り込む業者もいるが、保険申請は難しくない。業者にお願いする必要はありません」(相談員協会の吉村さん)

(8)「振込先が個人口座」はネット詐欺業者の特徴

スマホなどを通じてインターネットで商品を購入するとき、現金の振り込みを求める業者がいる。

「最近の詐欺サイトはホームページの品質が高く、外国人が制作したものでも日本語がしっかりしています。しかし、振込先の銀行口座が個人名義である場合、詐欺サイトの可能性が高いと判断してください」(相談員協会の鈴木さん)

インターネットで通販をする場合、事業者は「特定商取引法に基づく表記」に従って住所や電話番号などを記載しなければならない。医薬品会社なのに、よく見ると住所がマンションの一室になっていることもある。こういったサイトも利用してはいけない。

(9)振込用紙が届いてもすぐに振り込まないで

利用した覚えのないアダルトサイトやインターネット決済の未払い料金を求める「架空請求詐欺」。請求方法は、メール、携帯電話のショートメッセージのほか、はがきや封書が自宅に届く場合もある。

「高齢者は、振込用紙が届くとつい支払ってしまう人が多い。身に覚えのない振込用紙は、誰かに一度相談し、すぐに振り込まないようにしましょう」（相談員協会の鈴木さん）

（10）クーリングオフ活用　契約解除を諦めない

訪問販売や電話勧誘販売などで契約した商品は、クーリングオフを使えば無条件で返品できる。クーリングオフは取引形態に応じて有効期限が異なる。

「期限切れになってしまう可能性があるため、まずは契約解除の意思を相手に伝えてください。はがきであれば特定記録郵便で郵送する。メール、ファクス、ＬＩＮＥなどでも相手に契約解除の意思が伝わっていればよい」（相談員協会の鈴木さん）

クーリングオフの対象外だと思っても、別の方法があるかもしれない。「エステの場合は契約金額が5万円を超えないとクーリングオフの対象になりません。契約総額が4万9800円だったのでクーリングオフを諦めた女性がいたが、初回の訪問時に2000円払っていたので、クーリングオフが成立しました」（相談員協会の吉村さん）。

簡単に諦めずに近くの消費生活センターに相談しよう。

これだけは覚えておきたい

クーリングオフの基準

取引形態	販売方法やクーリングオフのポイント	クーリングオフできる期間
訪問販売	キャッチセールス、アポイントメントセールス、催眠商法も含む。「契約しない意思」を示しているのに勧誘することは禁止	8日間
電話勧誘販売	「契約しない意思」を示しているのに再び勧誘することは禁止（訪問販売も同じ）	
特定継続的役務提供	エステティックサロン、語学教室、家庭教師、学習塾、結婚相手紹介サービス、パソコン教室、美容医療が対象	
訪問購入	押し買い。右記期間中は物品の引き渡しを拒否できる。クーリングオフにより消費者は物品の所有権を主張できる	
連鎖販売取引（マルチ商法）	クーリングオフ期間経過後は中途解約可。入会後1年未満の中途解約には返品制度がある	20日間
業務提供誘引販売取引	内職、モニターなどで収入を得るために行った商品購入	
通信販売	スマホを使ったネット上での契約が増加中。返品特約の記載がない場合はクーリングオフできる（期間は8日間）	適用外

（注）期間は契約した日を含む　（出所）消費者庁などの資料を基に東洋経済作成

被害に遭いやすい？　被害者の心理傾向チェックリスト

・周りの人にあまり相談したくない
・頼られたら断れない
・相手に嫌われたくないという思いが強い
・忠告されても素直に従えない性格だ
・専門家らしき人の意見には素直に従う
・判断が難しいことは我慢せずにすぐに決めてしまいたい
・理屈で考えるよりも直感や経験によって行動する
・急ぎの用だとつい焦って行動してしまう
・人の話の怪しさに気づかない
・儲け話には興味がある
・誰とでも電話で話すのは好き

（出所：立正大学・西田公昭教授の分析）

元販売員が催眠商法手口の全貌を語る

高齢者の心を奪う「催眠商法」対策

ある日、コンビニの空き店舗に「健康食品」と書かれたのぼり旗が立つ。閉め切った会場にはパイプいすが並び、続々と集まる高齢者たち。販売員の小話で盛り上がり、無料で洗剤やトイレットペーパー、おコメや卵など日用品や食品がもらえる。暇潰し、お土産目当てに通っていたはずの来場者が高額商品を買わされる。

会場の雰囲気で高齢者の判断能力を鈍らせ、商品を売りつける「催眠商法」の手口だ。国民生活センターが集計する相談者の支払金額は平均170万円に上り、「2カ月で500万円以上を契約した」という相談事例もある。

「普段は家族に冷たくされているお年寄りが、若い販売員に優しくされるとうれしいもの。孫のように販売員をかわいがり、期待に応えようと商品を買う人もいる」

そう明かすのは、実際に催眠商法に携わっていた男性（50歳）だ。男性は2002年に関西地方に本社を置く健康食品販売会社に入社。6年間販売員を務めた。2カ月ごとに各地を転々とする販売会場には、商品の魅力を伝えて会場を盛り上げる「講師」と、合いの手を入れて客と契約を取り付ける「アシスタント」の販売員がいた。「帰りに無料で商品を配ると感謝してくれ、人当たりのいいおばあちゃんは、少し押せば財布を開く『見込み客』」だったという。

販売員の中には、高齢者から関心の高い健康の話題を振りまいたり、「母親をがんで亡くしている」と語って客の涙を誘う人もいた。

販売員には約26万円の基本給に加え、販売成績に応じた臨時ボーナスが支給される。金払いのよい客を囲ったり、見込み客の取り合いをしたりと社員間の競争は激しかったという。客側は、毎日話をするうちに情が湧き、特定の販売員を応援する気持ちが芽生える。

消費生活センターに寄せられた相談では高齢者が借金を負うなど、支払い困難になるまで追い詰める例もある。だが、家族の心配をよそに、本人には被害に遭ったという自覚が乏しいケースが目立つ。男性は「販売員はあの手この手で客の心をつかみ、最終的に『買わずにはいられない』という精神状態に持ち込む。納得して買っているから、だまされたとは感じ切れない」と話す。

催眠商法の予防策は、趣味を持つことだと男性は強調する。「熱中できる対象がないから、販売会場が生きがいになってしまう」。男性は催眠商法の被害撲滅を訴え、2018年に『あやしい催眠商法　だましの全手口』を出版。手口を理解することが対策になると指摘する。

高齢者の心を操るその手法は、詐欺とも思わせないという意味で、被害を認知しやすい特殊詐欺以上に巧みだ。

（井艸恵美）

【チェックポイント】親が狙われていないか？

①決まった時間に出かけ、お土産を持ち帰る
②見たことのないメーカーの日用品がたまっている
③同じ健康食品が1つではなく5つ以上ある

元ファンドマネジャーが指南

株式とJ－REITに絞った親の資産運用術

フォスター・フォーラム（良質な金融商品を育てる会）
理事・川元由喜子

15年ほど前から、高齢となった両親の「代理人」として、その財産を管理してきた。2022年、両親とも亡くなったが、この15年間を振り返り、高齢者の財産管理、とくに資産運用面について経験と考えを述べたいと思う。

財産管理、中でも資産運用に関するいちばんの問題は、リスクの高い投資商品を高齢者自身の判断で購入してしまうことだ。

近年、個人に対する仕組み債の販売が問題になった。適合性の原則（顧客の知識・経験・財産などに照らして、不適当な勧誘を行ってはならないとの原則）を守って販売されたことになってはいるが、本当だろうか。高齢者の場合、日常生活の判断能力があったとしても、営業担当者の熱心な勧誘にほだされ契約してしまうということがありうる。

高齢者であっても判断能力があれば、その投資判断が尊重されることは当然である。しかし将来さらに高齢化が進むことを考えると、その常識を疑う必要もあるのではないか。

年老いた親の投資判断によって、親自身が財産を失ったり、その子どもが将来の財産状況を大きく左右されたりする。親がリスクの高い投資判断をしようとしているときに子どもが何の手出しもできないことが適切なのか、議論があってもよいのではないかと思う。

親の判断能力が少しでも衰えていれば、財産管理について子が代理人として行う代理権の法的解釈を明確にすることも必要だろう。

私が両親の財産管理を行った際は、親から委任を受けた任意代理の形を取ったが、

Ａ証券会社では手続き可能なことが、Ｂ証券会社では本人でないとダメなどと対応が異なり、不便を強いられた。

おそらくここからが読者の関心事だと思うが、両親の資産を運用するに当たり留意したい点について触れていこう。

日本株は通信、商社

高齢者の資産運用の要諦は、資産価値の最大化を目指すことではなく、安定した配当・分配金の確保にあると思う。銘柄の成長性を重視した投資は、確かに資産価値を大きく増やす可能性を高めるが、その分、下げもきつくなる。

企業の成長性を見極めるのはプロでも非常に難しい。当たる確率が低いのである。若い世代ならば見通しが外れ大きく損失が出ても時間をかけて挽回すればよいが、高齢者には挽回する十分な時間がない。それに対して、配当の安定性は比較的見極めやすい。

当然、ＦＸ（外国為替証拠金取引）や暗号資産（仮想通貨）への投資も避ける。値動きが荒いだけでなく、配当金などのキャッシュフローが発生しない。金などのコモディティーも同様だ。

債券は円建てだと利回り面で投資妙味に欠けるし、外貨建てであれば為替のリスクを負う。このところ為替は円安気味であり、大きな損失を被るケースは少ないだろうが、為替リスクは軽視できない。為替は、経済の状況によっては何割も一気に動くことが決して珍しくない。

投資信託については、私自身はファンドマネジャーの経験があるので自分で運用すればよいと考えたが、多くの人にとっては選択肢となるだろう。

かつて批判にさらされることの多かった毎月分配型投信だが、実は高齢者の資産運用に適した面もある。毎月得られた投資収益の範囲内で分配するか、元本の一部を取り崩す場合にはそれを明示するという条件付きではあるが、毎月一定金額のキャッシュが得られるという点は、定期収入の大半が公的年金にほぼ限定される高齢者にとって魅力的だ。元本の減る可能性があるならば、それを前提に運用すればよいのである。

国内外の高配当株指数に連動するETF（上場投資信託）も検討対象になる。

ここからは私が実際に行った運用法を述べたい。安定した配当・分配金収入を重視した結果、投資対象を株式と不動産投資信託（J－REIT）に絞り込んだ。

まず日本株では通信株と商社株、米国株では石油や生活必需品の銘柄を選んだ。

通信株は携帯電話会社の株式のことだ。通信株というと、成長性に乏しいと思われているようで、とくに運用を始めた10年余り前は人気がなく、だからこそ割安に買うことができた。それに業績の浮沈はあるとしても、契約者から毎月料金を徴収できるビジネスモデルであるため、安定した収入が確保されている。安定配当といえばかつては電力株が典型であったが、時代は変わり、今は通信株が取って代わっている。

商社株は、さまざまな事業領域を抱えていることから本質的な価値を精緻に評価しにくく、株価が割安になる傾向が見られる。買い付けた時期は配当利回りが４％を超えているものが多く、高い利回りは配当収入を確保するうえで好適だった。

そして米国株式。これはディフェンシブの王道ともいえる、Ｐ＆Ｇやジョンソン・エンド・ジョンソンのような生活必需品の銘柄や、石油株などに投資した。外国株は外国債券と同様、為替リスクがあるが、配当利回りや企業のクオリティーが高ければ、為替リスクを取る価値がある。

Ｊ－ＲＥＩＴは高齢者の資産運用に適している。その分配金利回りの高さは魅力的だ。そもそもＲＥＩＴは分配金を投資家に払うことを目的とした金融商品である。組み入れ不動産から生じる賃料の９０％以上を分配するというルールの下、法人税課税が免除されているため収益の大半を投資家に分配する。

安定した分配金を得られるJ-REIT

主な投資法人の分配金利回り

投資法人	分配金利回り(%)
日本ビルファンド	4.17
ジャパンリアルエステイト	4.17
日本都市ファンド	4.67
オリックス不動産	4.43
日本プライムリアルティ	4.43
フロンティア不動産	4.61
日本ロジスティクスファンド	3.51
日本プロロジスリート	3.48
アドバンス・レジデンス	3.63
大和ハウスリート	4.13

(注)3月29日時点　(出所)不動産投信情報ポータル

株式の場合、発行企業が税引き後利益の一部を内部留保に回すため配当されない分が生じてくるが、J‐REITではそれがない。だから現金収入が少ない高齢者には、とてもよい投資対象なのである。

ちなみに金融資産のうちどの程度まで株式に投資するのか、逆にいえばどの程度キャッシュを保有すればいいのかということだが、健康保険制度や高額療養費制度が充実しているので、普段の生活費が確保できているのであれば、急場をしのぐ以上の現金を持たなくてもよいのではないか。株式投資の比率が高くても大丈夫だ。

【高齢者の資産運用のポイント】

①親の運用に子が積極的に関与する
②資産の最大化より安定的な運用を
③FX、暗号資産はダメ

(構成/金融ジャーナリスト・鈴木雅光)

川元由喜子（かわもと・ゆきこ）
HSBC投信投資顧問でファンドマネジャー、日本株運用部長を務める。2009～16年ありがとう投信ファンドマネジャー。現在はフリーで金融教育活動を行う。

金融機関が定年世代を狙う「退職金プラン」

JOYnt代表　金融ジャーナリスト・鈴木雅光

退職金は、長年働いたご褒美ではない。退職後の長い人生を過ごすために必要な生活資金だ。おかしな金融商品で運用して大損すると、老後の生活プランそのものを大きく見直さなければならなくなる。だから決して安易に運用先を決めてはいけない。

しかし退職によって自分の預金通帳の残高が1000万円、あるいは2000万円と一気に増えると、何か運用したほうがいいと思ってしまう人がいる。

「1000万円もの大金を、何もせずに置いておくのはもったいない」「でも、どうやって運用すればよいのかわからない」

この心理状態に、犯罪まがいの投資を勧誘してくる連中が付け込む。高齢者が狙われるのは、退職金を受け取ったことで一時的に手元資金が大きく膨らんだものの、どうやって運用すればよいのかわからず、「何か有利な運用方法はないものか」と漠然と探している人が多いからだ。

そこに付け入ろうと近づいてくるのは、悪い連中だけではない。銀行もそうである。

銀行には失礼かもしれないが、退職金を狙って自分の商売につなげようとしている点では似たようなものだろう。しかも銀行のやり方は合法で巧妙だ。銀行は預金者の口座に退職金が入金された時点で即それがわかる立場にあるだけに、より効率的に退職金の預け先を提案できる。

その銀行が、退職者向けに勧めているのが「退職金プラン」なるセット商品だ。どこの銀行でも同じような商品を扱っている。

これは一見、もっともらしい仕組みになっている。例えば、1000万円の資金を運用する場合、「お客様が過大なリスクを取らないように、定期預金に500万円、投資信託に500万円というように分散して預けていただきます。このプランを利用していただければ、定期預金部分については当初の預入期間中、年率7%の特別金利が適用になります」と勧誘してくる。

このようにセールスされたら、とても有利なプランであるように思えてくるのではないだろうか。何しろ定期預金で7%もの利率が適用されるのだから。ちなみに今、普通に定期預金にした場合に適用される利率は、預入期間の長短、預入金額の多寡に関係なく、一律に年0・002%である銀行が大半だ。7%との差はとてつもなく大きい。

しかし、退職金プランには落とし穴がある。

まず7%の適用利率だが、これは3カ月物定期預金の「当初預入期間のみの適用」である。仮に1000万円のうち500万円を年7%で運用すると利息は35万円になるが、このプランでは当初預入期間のみの適用利率なので、実際に得られる利息は、500万円 × 7% ×(90日 ÷ 365日)= 8万6275円である。

それでも3カ月間で8万円超の利息が得られるのだから、十分だという声も聞こえてきそうだが、実は落とし穴が待っている。

7%の利息が帳消しに

このプランが罪深いのは、高い利息であるはずの8万6275円がきれいさっぱりなくなってしまうからだ。というのも、1000万円のうち残り500万円で投資信託を購入しないと高利息にならない。

このプランの商品要項を細かく読んでいくと、次のような記述があることに気づく。「(このプランの)対象外となる投資信託があります。また、投資信託を無手数料で購入した場合や、テレホンバンキング、インターネットバンキングで投資信託を購入した場合も(プランの)対象外となります」。つまりは、購入時に手数料が必要な投資信託を買わないと、金利の優遇はしませんよ、ということだ。

では、どのくらいの手数料を取られるのだろうか。例えば、このプランを扱っている銀行が販売している投資信託のうち、世界中の株式を選んで投資するアクティブ型投資信託で計算してみよう。

この投資信託の購入時手数料は、購入金額が1000万円以下の場合は3％（税抜き）。したがって、この投資信託を500万円分購入したとすると、購入時手数料の金額は、15万円だ。

この銀行としては、通常金利に比べて高い特別金利で約8万6000円の利息を預金者に支払ったとしても、セットで販売した投資信託から15万円の手数料を受け取れる計算になる。差し引きで約6万4000円の儲けになるのだ。

銀行の儲けはこれだけではない。投資信託には「運用管理費用（信託報酬）」という隠れたコストもある。これが年率1・13％（税抜き）だ。運用管理費用は投資信託の時価総額である純資産に対してかかるものなので、購入した500万円を基に年1・13％で計算された金額が徴収されるわけではないが、仮に純資産が500万円で変動しなかったとすると、徴収される運用管理費用は年間で5万6500円になる。

販売金融機関である銀行は、運用管理費用の一部を受け取るだけなので、この5万

6500円がまるまる銀行の儲けになるわけではないが、プランの利用者からすると、当初1年間でかかる購入時手数料と運用管理費用の合計額は、500万円に対して20万6500円にもなるのだ。

これでは、いくら定期預金で特別金利の利息を受け取ったとしても、到底ペイするものではない。言い方は悪いかもしれないが、退職金プランの特別金利は、手数料を稼げる投資信託を買わせるための「まき餌」なのだ。退職者を食い物にするような退職者向けプランは、仕組みに微妙な違いはあるが多くの銀行が扱っている。

では、退職金プランを利用しないとしたら、運用はどうすべきか。

実は、退職金プランで高い購入時手数料を払わなくても、手数料がゼロ円のグローバル分散投資型の投資信託はいくらでもある。インデックス型であれば年間の運用管理費用も割安だ。

2024年1月からは「新しいNISA（少額投資非課税制度）」もスタートするので、1800万円の生涯投資枠の範囲であれば、運用収益に対する税金もかからない。

退職金の一部をグローバル分散投資型のインデックスファンドに充てれば、退職金プランよりもコストパフォーマンスのよい運用ができるはずだ。

【資産防衛のポイント】

①退職金プランは「まき餌」と心得る
②高い金利（利息）は投信手数料で帳消し
③手数料が少ない投信はたくさんある

鈴木雅光（すずき・まさみつ）
岡三証券、公社債新聞社などを経て独立。出版プロデュースやコンテンツ制作に関わる。著書に『投資信託の不都合な真実』、『「金利」がわかると経済の動きが読めてくる！』など。

投資被害から身を守る鉄則

毎年春、警察庁から「生活経済事犯の検挙状況等について」という統計が発表される。その中に、「利殖勧誘事犯」という分類がある。これは「簡単に儲かる有利な資産運用」をうたい、集めた資金を詐取する犯罪行為のことだ。

2022年に検挙された被害額は約157億円で、21年の約1100億円から大きく減った。だが、ここしばらくは利殖勧誘事犯の被害が増えるおそれがある。

FXや暗号資産の被害が増加

利殖勧誘事犯の類型別検挙状況

類型	検挙人員（人）		被害人員（人）		被害額	
	2021年	22	21	22	21	22
未公開株	0	**3**	0	**37**	0円	**2億1600万円**
集団投資スキーム（ファンド）	73	54	128,292	2,466	910億4409万円	107億0484万円
デリバティブ取引（商品先物取引、FX、暗号資産など）	22	**34**	813	**16,785**	5億9467万円	**28億3398万円**
上記以外の預かり金	29	11	1,392	376	156億7200万円	14億6616万円
その他	20	4	1,522	10,885	37億779万円	4億8951万円
合計	144	106	132,120	30,549	1110億1857万円	157億1050万円

（注）太字は前年より増えたもの　（出所）警察庁「令和４年における生活経済事犯の検挙状況等について」

なぜなら「資産所得倍増プラン」の名の下、国を挙げて個人の資産運用を後押しする動きがあるからだ。資産倍増プランが悪いという話ではない。ただ、それに乗じて悪巧みをする連中が必ず出てくることに注意喚起したい。

同じことは、今から25年くらい前にもあった。1998年に施行された改正外為法は「金融ビッグバンのフロントランナー」といわれ、海外銀行での口座開設や海外証券会社との直接取引などが解禁されたことで、にわかに海外投資ブームが生じた。

それに乗じ、タックスヘイブンやプライベートバンク、ヘッジファンドをかたった金融事業者が跋扈(ばっこ)し、2001年の利殖勧誘事犯の被害総額は約1890億円にも上った。

警察庁の統計では、利殖勧誘事犯の相談受理件数は増えている。2018年は1560件だったが、21年は3109件、22年は2584件だった。

被害額は巨額詐欺事件が1件あると跳ね上がるので、2020年のように4000億円を超えることもあるが、相談受理件数は被害に遭ったと自覚している人の数を示している。この数字が傾向的に増えているのは気がかりだ。

この手の事件に巻き込まれないようにするため、私たちは日頃からどういう点に注意すればよいのだろうか。

それは敵（詐欺師たち）の常套手段を把握しておくことだ。

最近よく見かけるのは、月利でリターンを表示するケースだ。月利3～4％などを提示して、「100万円を1カ月運用して3万円程度の利益なら、簡単に儲かりますよ」とPRするのだ。こういう金融商品があるかもしれないと思う人もいるのだろうが、月利3％を年利に換算すると単純計算では36％にもなる。しかも「元本割れリスクは極めて低い」などとも言ってくる。

だがちょっと待ってほしい。

現在はインフレが強まり、それに伴って、日本の長期金利の指標となる10年国債利回りは一時0・5％台まで上昇した。これは「元本の安全性を重視して運用するとしたら、円ベースでは年0・5％のリターンしか得られない」ことを意味する。つまり元本の安全性を確保したうえで年36％のリターンを得るなど実現不可能なのだ。このように市場金利の水準を理解しておけば、「月利3％」という数字にだまされることはない。

ただ、敵もさる者で、さまざまな舞台装置を用意して信用させようとする。その1つが複雑怪奇な商品スキームだ。「海外のヘッジファンドやプライベートバンクで運用します」「タックスヘイブンに設立した特別目的会社を通じて暗号資産（仮想通貨）やFX（外国為替証拠金取引）で運用します」などと言われても、すぐに仕組みを理解できる人はいないだろう。

この「よくわからない感」がだましのテクニックなのだ。本当に存在するのかどうかも、設立地が海外になると、個人では調べようがない。結果、「まあ、そういうものなのだろう」と思い込まされてしまう。

それに加えて、芸能人やスポーツ選手を広告塔として、信用補完が行われる。顧客を招いたパーティーに有名人が登場したり、会員向け冊子にインタビュー記事が出ていたりすると、「この人が出ているのだから、きっと大丈夫だろう」という気にさせられる。ちなみに今をときめく大スターよりも、「あの人は今」的な、第一線を退いたような人が広告塔に起用されるケースが多いようだ。

また最近の傾向としては、誰もが知っている有名人ではなく、中央省庁の元役人、弁護士や公認会計士などの士業といった、世間的に高い信用を得ている人たちが、悪質業者のアドバイザーに起用されているケースがある。旬を過ぎた有名人が広告に出ていたら、まず疑ってかかるべきだが、世間的に信用される肩書を持った人たちがアドバイザーにいると、何となく本物っぽく見えてしまう。これを判断するのは素人には厄介だ。

業者が信用できるかどうかの判断では、いわゆる裏取り（確認）の作業が欠かせない。インターネットで検索して、悪いうわさや風評が出てくるならば、慎重に付き合ったほうがいい。ネット情報は真偽不明のところがあるが、悪い風評がある業者ならば、近寄らないほうが無難だろう。

現役、若い世代も被害者

投資詐欺は高齢者がターゲットになることが多い。高齢の親を持つ人は、親がこの手の詐欺被害に遭わないように、電話でもよいので小まめにコミュニケーションを取るようにするのが肝心だ。時には実家に寄って、悪質業者の封筒やパンフレットが置かれていないか、それとなく点検しておくのもよいだろう。

投資詐欺の最近の特徴は、被害が若い世代にも広がっていることだ。警察庁の統計で相談受理件数を年齢別に見ると、2016年には全体の57%が65歳以上だったのが、2022年には17%に減少した。その一方で、40代以下の比率が2016年には16%だったのが、22年には50%まで上昇している。

投資詐欺事件の被害は、高齢者だけではなく、あらゆる年代が警戒しなければならない問題になりつつあるのだ。

【被害に遭わないためのポイント】

①マーケット感覚を身に付ける
②信用補完のための広告塔に注意
③「裏取り」する。まずはネット検索

（JOYnt代表　金融ジャーナリスト・鈴木雅光）

【週刊東洋経済】

本書は、東洋経済新報社『週刊東洋経済』２０２３年4月8日号より抜粋、加筆修正のうえ制作しています。この記事が完全収録された底本をはじめ、雑誌バックナンバーは小社ホームページからもお求めいただけます。

小社では、『週刊東洋経済eビジネス新書』シリーズをはじめ、このほかにも多数の電子書籍ラインナップをそろえております。ぜひストアにて「東洋経済」で検索してみてください。

『週刊東洋経済eビジネス新書』シリーズ

No.430　自衛隊は日本を守れるか
No.431　教員不足の深層
No.432　ニッポンのＳＤＧｓ&ＥＳＧ
No.433　独走トヨタ　迫る試練

No.434　変わる相続・贈与の節税
No.435　東芝の末路
No.436　食糧危機は終わらない
No.437　ゼネコン　両利きの経営
No.438　すごいベンチャー2022〔前編〕
No.439　すごいベンチャー2022〔後編〕
No.440　宗教　カネと政治
No.441　岐路に立つ鉄道
No.442　学び直し全ガイド
No.443　米中　大動乱
No.444　高揚するコンサル　したたかな弁護士
No.445　半導体　復活の足音
No.446　氾濫するＰＲ
No.447　総孤独社会

週刊東洋経済eビジネス新書　No.460
狙われる高齢者

【本誌（底本）】
編集局　野中大樹、井艸恵美、長谷川　隆
デザイン　小林由依、中村方香、松田理絵
進行管理　三隅多香子
発行日　2023年4月8日

【電子版】
編集制作　塚田由紀夫、長谷川　隆
デザイン　大村善久
制作協力　丸井工文社
発行日　2024年8月22日　Ver.1

発行所　〒103-8345
東京都中央区日本橋本石町1-2-1
東洋経済新報社
電話　東洋経済カスタマーセンター
03（6386）1040
https://toyokeizai.net/
発行人　田北浩章

電子書籍化に際しては、仕様上の都合などにより適宜編集を加えています。登場人物に関する情報、価格、為替レートなどは、特に記載のない限り底本編集当時のものです。一部の漢字を簡易慣用字体やかなで表記している場合があります。本書は縦書きでレイアウトしています。ご覧になる機種により表示に差が生じることがあります。

※本刊行物は、電子書籍版に基づいてプリントオンデマンド版として作成されたものです。